Ulrich Luz (Hrsg.)
Zankapfel Bibel

Zankapfel Bibel

Eine Bibel – viele Zugänge

Ein theologisches Gespräch,
herausgegeben im Auftrag der Theologischen
Kommission des Schweizerischen Evangelischen
Kirchenbundes von
Ulrich Luz

Theologischer Verlag Zürich

Die Deutsche Bibliothek – Bibliographische Einheitsaufnahme

Die Deutsche Bibliothek verzeichnet diese Publikation in
der Deutschen Nationalbibliographie; detaillierte bibliographische
Daten sind im Internet über <http://dnb.ddb.de> abrufbar

ISBN 13: 978-3-290-10874-8

© 1992 Theologischer Verlag Zürich

1. Auflage 1992
2. Auflage 1993
3. Auflage 2002
4. Auflage 2003
5. Auflage 2007

Druck: ROSCH BUCH GmbH, Scheßlitz

Alle Rechte, auch die des auszugsweisen Nachdrucks, der
fotografischen und audiovisuellen Wiedergabe, der elektronischen
Erfassung sowie der Übersetzung, bleiben vorbehalten.

Inhalt

Ulrich Luz
Einleitung: Die Bibel als Zankapfel 7

Sechs verschiedene Zugänge zur Geschichte von der wunderbaren Speisung. Der Text Mk 6,30–44 17

Daniel Marguerat
Der Reichtum des fremden Textes
Ein historisch-kritischer Zugang zur Bibel 18
  I   Was will die historisch-kritische Interpretation? 18
  II Erklärung der Speisungsgeschichte Mk 6,30–44 27

Ernst Lerle
Bibeltreue
Ein fundamentalistischer Zugang zur Bibel 39
  I   Zum fundamentalistischen Bibelverständnis 39
  II Der Text: Mk 6,30–44 44
  III Glaubenstreue und heutige
      „Anwendungsmöglichkeiten" 46

Wolfgang Bittner
Wort Gottes als menschliches Zeugnis von Gott
Ein evangelikaler Zugang zur Bibel 55
  I   Wer sind die Evangelikalen? 55
  II Jesus erzieht seine Jünger, oder:
      In der Nähe Jesu wird man ‹abnormal› 56
  III Wie gehe ich vor? 59
  IV Was können wir von der Bibel erwarten? 60
  V   Was unterscheidet meinen Zugangsweg von anderen? 61
  VI Auslegung und Anwendung –
      von den Grenzen der Auslegung 70

Denise Jornod
Die schweigenden Frauen beginnen zu reden
Ein feministischer Zugang zur Bibel 74
  I Theologische Voraussetzungen feministischer
    Auslegung 75
  II Auslegung von Mk 6,30–44 79

Kuno Füssel
Ökonomie, Gebet und Erkenntnis der Wahrheit
Ein materialistischer Zugang zur Bibel 90
  I Hintergründe und Eigenart der
    materialistischen Bibellektüre 90
  II Die Ökonomie des Teilens. Lektüre von Mk 6,30–45 . 97

Rolf Kaufmann
Einkehr in die Wüste
Ein tiefenpsychologischer Zugang zur Bibel 107
  I Vorbemerkung zum Begriff «Tiefenpsychologie» 107
  II Versuch einer tiefenpsychologischen Auslegung
    von Mk 6,30–44 107
  III Was will der tiefenpsychologische Zugang? 114

Ulrich Luz
Sind die verschiedenen Zugangswege zur Bibel
unvereinbar? 120
  I Das Verhältnis von historisch-kritischer,
    materialistischer, feministischer und tiefen-
    psychologischer Auslegung 122
  II Das Verhältnis des fundamentalistischen zum
    evangelikalen Zugangsweg 128
  III Das Verhältnis des evangelikalen und des
    fundamentalistischen zu den übrigen
    Zugangswegen 133

Alle AutorInnen
Gemeinsame Leitlinien zum verschiedenen Umgang mit
der einen Bibel in der einen Kirche 139

Ulrich Luz

Einleitung
Die Bibel als Zankapfel

Die evangelischen Kirchen wollen Kirchen der Schrift sein. Nach der Theorie gibt die Bibel unseren Kirchen Grundlage und Ausrichtung. Vorausgesetzt ist dabei, daß die Kirche aus mündigen Christinnen und Christen besteht, die die Bibel auslegen und ein sie bevormundendes kirchliches Lehramt nicht brauchen. Die Bibel ist nach reformierter Lehre klar, eindeutig und verständlich, für jedermann, jedefrau.

In Wirklichkeit sieht es recht anders aus. Die Bibel ist vieldeutig. Man kann fast alles mit der Bibel begründen. Linke begründen ihr politisches Engagement und Rechte die strikte Trennung von Glauben und Politik mit der Bibel. Feministinnen begründen die Befreiung der Frau von den Fesseln einer patriarchalen Gesellschaft mit der Bibel, konservative Christen dagegen die Unterordnung der Frau unter den Mann. Orthodoxe Christinnen und Christen finden in der Bibel ihren Glauben an den dreieinigen Gott, liberale dagegen lehnen diesen Glauben gerade mit Hilfe der Bibel ab. Katholiken, aber auch manche Anglikaner oder Lutheraner begründen ihre Unterordnung unter einen Bischof mit der Bibel, andere lehnen eine bischöfliche Verfassung aufgrund der Bibel ab oder begründen ihren Eintritt in irgendeine Sekte mit der Bibel: Was es auch immer sei, für alles läßt sich irgendein passender Bibelspruch beibringen. Auch über ihre Autorität und darüber, was ihre Mitte ist, gibt es eine Vielzahl von Meinungen. Und es gibt viele verschiedene Auslegungsmethoden der Bibel. Je nachdem welchen Standpunkt man hat und welche Auslegungsmethode man wählt, kann man der Bibel ganz Verschiedenes entnehmen.

So kommt es, daß die Bibel in unseren evangelischen Kirchen nicht so sehr unser gemeinsames Fundament ist, sondern eher ein immerwährender Zankapfel zwischen verschiedenen christlichen Gruppen. Ja, gerade weil sie das Fundament der Kirche sein sollte und darum allen Evangelischen je auf ihre Weise wichtig ist, gerade darum wird sie zum Streitpunkt zwischen verschiedenen Gruppen. In vielen Gemeinden zogen Frauen und Männer aus der Kirche aus, weil sie nicht «bibeltreu» war oder ist. Im Protestantismus ist die Integrationskraft der Kirche so schwach geworden, daß freie Gemeinden und neue Gruppen in Vergangenheit und Gegenwart wie Pilze aus dem Boden schießen. Eine unübersichtliche kirchliche Landschaft mit vielen Kapellen und Gebetssälen war und ist die Folge. Was sich hinter ihren Mauern an Leben abspielt, bleibt anderen meist verborgen. Aber auch das Umgekehrte gibt es häufig: Menschen, für die die Bibel mehr ist als ein Buch, das man auch noch auf dem Bücherschrank stehen hat, und die es wagen, sich dazu zu bekennen, gelten schnell als «fromm», «eng» oder «Stündeler». Bereits die schiere Existenz von Hauskreisen, wo die Bibel gelesen wird, ruft an anderen Orten erstaunliche Abwehrreaktionen hervor. Man fühlt sich bedrängt und von wirklichem oder vermeintlichem Missionseifer bedroht.

Es gibt auch neuartige Konflikte um die Bibel: In Zürich z. B. erhielten die Feministinnen von einer großen Stadtkirchengemeinde Gottesdienstverbot in ihrer Kirche. Ich weiß nicht, was an ihren Gottesdiensten so unerträglich war. Etwa die Art und Weise, wie diese Frauen unabhängig von Konfessionen und Kirchen die Bibel auf ihr eigenes Leben bezogen? Daß sich das im «Fraumünster» zutrug, wirkte symbolhaft. Die Konflikte um die psychologische Bibelauslegung dagegen spielen sich im Protestantismus im akademischen Rahmen ab. Die Universitätstheologen streiten sich. Die Pfarrerinnen und Pfarrer wählen sich aus, was ihnen gerade erträglich zu sein scheint. Die «offizielle» Kirche dagegen versucht in diesen Streitigkeiten zu beschwichtigen. Sie macht sich zur Anwältin des Pluralismus und der Freiheit, auch in der Bibellektüre. Unklar ist dabei bloß, um welche Freiheit es ihr dabei geht. Geht es ihr um die Freiheit, die aus dem Evangelium kommt? Oder geht es ihr um diejenige Freiheit, die ihr als Parole einzig noch übrigbleibt, wenn die einen im evangelikalen Hauskreis, andere im psychologischen Lesezirkel, wieder andere in der übergemeindlichen Frauenkirche, wieder andere in einer Aktionsgruppe, aber kaum jemand mehr in der Kirchengemeinde die für sie wichtigen Erfahrungen mit oder ohne Bibel machen? Dann wäre die Parole «Freiheit zu verschiedenen Zugangswegen» nicht so sehr ein Ausdruck des Evangeliums, sondern Ausdruck einer subtilen Überlebensstrategie der Volkskirche.

Kurz: Die Bibel ist nur noch in der Theorie die Grundlage der Kirche. In Wirklichkeit sieht es eher so aus, als ob es eine Bibel der Frauen, der Frommen, der Psychologen oder der Wissenschaftler gäbe. Aus dem Alltag von Durchschnittschristen und -christinnen ist dagegen die Bibel weithin verschwunden. Sie wird von den meisten Menschen in unserem Volk kaum noch gelesen. Einen Bibelgebrauch des christlichen Volks gibt es sozusagen nicht. Die Bibel ist, wie es Fritz Stolz einmal formulierte,[1] ein Buch für Eliten geworden.

Solche Eliten sind zum Beispiel: Die «Bildungselite» der Theologen und Theologinnen. Sie pflegt die wissenschaftliche Bibelexegese. Ihr Ort ist die Universität. Über Unterricht und Erwachsenenbildung strömen Bruchstücke davon ins Volk. Die «Frömmigkeitselite» der Fundamentalisten besteht aus bekehrten Kerngemeinden. Sie finden in der Bibel die Kernpunkte ihres Glaubens wieder. Die große Masse des Kirchenvolks wird von ihnen kaum erreicht. Feministinnen, die die Bibel aus einer einseitig männlichen Sichtweise befreien, oder Befreiungstheologen, die die Bibel materialistisch auslegen, sind auch Eliten, Eliten der «Mehrheit» der Frauen bzw. der «Mehrheit» der Armen. Ihnen hilft die Bibel, *ihre* Hoffnungen zu formulieren, Gemeinschaft mit Gleichgesinnten zu finden und Schritte auf dem Weg der Befreiung von Benachteiligten zu machen.

---

1 *Varianten des Schriftgebrauchs im gegenwärtigen Protestantismus*, Vortrag vom 28. Nov. 1987, erhältlich beim Sekretariat des SEK, Sulgenauweg 26, 3023 Bern.

Das Bild der kirchlichen Landschaft, das wir oben skizzierten, muß also noch ergänzt werden: Es gibt in ihr nicht nur Kapellen und Gebetssäle, sondern es gibt auch Universitäten, Meditationszentren, fromme Häuser, ökumenische Begegnungsstätten und anderes mehr. Und es gibt natürlich auch die Kirchen, in denen es genug Platz gibt, daß man sich begegnen könnte. Die Kirchen aber sind meistens ziemlich leer; in ihnen finden nur die Monologe von Pfarrerinnen und Pfarrern über die Bibel statt. Zwischen den verschiedenen «Bibeleliten» herrschen Vorurteile: «Aufgeklärte» Theologen denken, die Fundamentalisten zögen sich aus heutigem, neuzeitlichem Denken in die Theologie einer vergangenen Zeit zurück und hielten gerade dies für den wahren Glauben. Fundamentalistische Eliten werfen anderen vor, sie würden die Bibel dem Diktat glaubenlosen, wissenschaftlichen Denkens unterwerfen. Die «Bildungselite» der wissenschaftlichen Theologen wirft den Feministinnen oder denen, die die Bibel psychologisch auslegen, vor, sie spannten die Bibel vor den Karren ihrer eigenen Interessen. Umgekehrt hört man von seiten von Feministinnen und Psychologen, die scheinbar objektive wissenschaftliche Exegese sei nur ein Versuch, sich vor der eigenen Parteinahme zu drücken.

Noch typischer als solche Vorurteile ist die Kontaktlosigkeit der verschiedenen christlichen Eliten untereinander. Zwischen den einzelnen Eliten bestehen oft starke Berührungsängste. Man fürchtet sich vor Bekehrungsversuchen der Fundamentalisten oder vor den «ungläubigen» Argumenten der Theologen. Man fürchtet sich vor den Anfragen der Psychologen, weil sie Gott in eine innerseelische Wirklichkeit auflösen. Man «weiß» ja längstens, daß der Marxismus falsch ist, und braucht sich darum mit materialistischer Bibelexegese gar nicht zu beschäftigen. Kurz, man hat den Eindruck einer «drôle de guerre» oder auch einer «drôle de paix» zwischen den verschiedenen «Bibeleliten». Gerade in religiösen Fragen lassen wir uns nicht gern von anderen in Frage stellen.

Zu zwei Gruppen ist noch ein besonderes Wort nötig. Da sind einmal die sogenannten *«Evangelikalen»*. Unter «Evangelikalen»² verstehe ich eine Vielzahl von frommen Christen und Gruppen in Freikirchen und Landeskirchen, die bewußt im Gehorsam gegenüber der Bibel leben und ihr eine einmalige Autorität zubilligen, ohne daß sie deswegen wie die Fundamentalisten an die Unfehlbarkeit der Bibel glaubten. Viele von ihnen sind durch den Pietismus geprägt und skeptisch gegen die historischkritische Forschung, aber sie lehnen oft auch die für sie kopflastige und enge Frömmigkeit der Fundamentalisten ab. Landeskirchliche «Normal»christInnen pflegen diese «Frommen» mit den «Fundamentalisten» in einen Topf zu werfen, während sie selbst z. B. in der «Evangelischen Allianz» den Kontakt mit der Landeskirche gerade suchen und zwischen sich und den Fundamentalisten manchmal auch tiefe Gräben empfinden.

Die andere «Gruppe» wird durch die *sozial engagierten ChristInnen* gebildet. Sie waren früher durch den religiösen Sozialismus, heute immer stärker durch die südamerikanische Befreiungstheologie geprägt. Ihr Bibelgebrauch ist durch eine große Offenheit gegenüber sozialen und ökonomischen Anliegen gekennzeichnet. In einem ganz weiten Sinn verdanken sie vieles dem Marxismus. Gemeinsam ist ihnen, daß sie versuchen, die Bibel mit den Augen der Armen zu lesen und sich für ihre Befreiung einzusetzen. Hier kann man eigentlich nicht von einer «Gruppe» sprechen, sondern eher von einem breiten Strom in der weltweiten Kirche, der auch bei uns in Europa seine Vertreterinnen und Vertreter gefunden hat.

In dieser Situation versuchte die Theologische Kommission des Schweizerischen Evangelischen Kirchenbundes mit ihrem «Bibelprojekt» Brücken zu schlagen und Gespräche zu ermöglichen. Es ging uns darum, VertreterInnen verschiedener «Bibeleliten» miteinander ins Gespräch zu bringen. Dabei entdeckten wir zunächst die große Spannweite des Bibelverständnisses unter uns selbst. Wir beschäftigten uns dann intensiv vor allem mit Fundamentalismus und evangelikalem Bibelverständnis. Es kam

---

2 Der Ausdruck ist hierzulande viel weniger gebräuchlich als im Amerikanischen («evangelicals»). Vgl. unten den Artikel von W. Bittner, S. 55 ff.

zu Gesprächen mit verschiedenen Vertretern evangelikaler Frömmigkeit. Es kam vor allem zu jenem denkwürdigen Gespräch mit dem gesamten Dozentenkollegium der Freien Evangelischen Theologischen Akademie Basel (FETA) vom 28. November 1987, das von allen Beteiligten als ein positiver Schritt empfunden wurde.

Aus dieser ersten Arbeitsphase konkretisierte sich das Gespräch zwischen den VertreterInnen verschiedener Zugangswege zur Bibel. Die Gesprächsbasis sollte ein und derselbe Text sein. Wir wählten Mk 6,30–44, die Speisung der Fünftausend. Die Auswahl der Dialogpartner und -partnerinnen war durch die Entstehung des Projektes mit bedingt. Der fundamentalistische und ein evangelikaler Zugangsweg waren schon von Anfang an mit dabei. Die Leitung der FETA bat einen ihrer Neutestamentler, Prof. Dr. E. Lerle, in unserer Arbeitsgruppe mitzuwirken. Pfr. Dr. W. Bittner erklärte sich bereit, seinen «evangelikalen» Zugangsweg zur Bibel zur Diskussion zu stellen. Frau D. Jornod hat den feministischen Zugangsweg zum Text von der wunderbaren Speisung, der ja auf den ersten Blick überhaupt kein «Frauentext» ist, eindrücklich dargestellt. Pfr. Dr. R. Kaufmann, der Theologe und Tiefenpsychologe ist, hat die Aufgabe übernommen, eine tiefenpsychologisch orientierte Auslegung vorzulegen. Natürlich mußte auch die historisch-kritische Bibelexegese mit dabeisein, zum einen, weil sie durch ihre Stellung an den Universitäten und ihre Bedeutung in der Ausbildung von Pfarrerinnen und Pfarrern fast so etwas wie eine «offizielle» Position in der Kirche hat, zum andern um des enormen Zuwachses an Erkenntnissen willen, die sie uns über die Entstehung und den ursprünglichen Sinn der biblischen Texte gebracht hat. Prof. Dr. D. Marguerat hat sie dargestellt. Als sechsten Zugangsweg wählten wir schließlich die materialistische Bibelexegese. Sie hat zwar in der Schweiz nie eine große Rolle gespielt, sondern war eher in Frankreich und Belgien zu Hause, wo sie für Menschen, die als Marxisten die Bibel oft mit Arbeitern zusammen lasen, wichtig war. Wir wollten sie mit in unser Gespräch einschließen, weil sie gleichsam ein kleinerer europäischer Verwandter der ökumenisch wichtigen Befreiungstheologie ist. Wir sind dankbar, daß Dr. K. Füssel aus Münster es sich nicht hat nehmen lassen, den weiten Weg zu unseren Gesprächen auf sich zu nehmen. Natürlich hat diese Auswahl der Zugangswege auch etwas Zufälliges. Besonders schade ist wohl, daß kein Vertreter eines strukturalistischen Zugangswegs mit dabei war. Wir sind auf die Bedeutung, die dieser Zugangsweg vor allem im französischen Sprachraum auch für die Erwachsenenbildung hat, einfach zu spät aufmerksam geworden. Der Beitrag von Dr. Füssel nimmt vieles auch von dieser Seite her auf und ist ein gewisser Ersatz dafür.[3]

Das Gespräch gelang. Die Theologische Kommission trat in dieser Arbeitsphase zurück und leistete mehr Hebammen- und Geburtshelferinnendienste. In zwei intensiven Tagungen stellten die Autorin und die Autoren einander und sich selbst in Frage. Eindrücklich war, wie uns immer deutlicher wurde, daß jeder der verschiedenen Zugangswege anderen Wichtiges zu sagen hat. Eindrücklich war auch, daß durch die gemeinsame Arbeit an der Bibel nicht nur ein größeres Verständnis füreinander, sondern auch eine Art Vertrauensverhältnis untereinander entstand. Natürlich lösten sich die Gegensätze längst nicht überall in sich ergänzende Teilaspekte (Komplementaritäten) auf. Das wäre sogar schade gewesen, denn es gibt auch guten und um der Wahrheit willen nötigen Streit. Wichtig war aber die Erfahrung, daß etwas uns Verbindendes die theologischen Streitgespräche fruchtbar machte. Ausdruck dieses Verbindenden ist die gemeinsame Schlußerklärung über den Umgang mit den verschiedenen Zugangsweisen zur Bibel in der *einen* Kirche, ein Schlußtext, den alle sechs VertreterInnen der verschiedenen Zugangswege mit formulierten und mit tragen. Es war keineswegs von Anfang an klar, daß es zu einem solchen Text kommen würde, und wir empfinden es als ein Hoffnungszeichen, daß dies gelang.

Was will dieses Büchlein, und an wen richtet es sich? Prof. Huntemann, Ethiker an der FETA, sagte anläßlich der

---

3 Vgl. dazu auch D. Marguerat, Strukturale Textlektüren des Evangeliums, in: *Methoden der Evangelien-Exegese, Theologische Berichte 13*, 1985, 41–86.

Tagung von 1987 sinngemäß: «Die Aufgabe des Fundamentalismus in einer pluralistischen Volkskirche ist es, die Kirche an ihre Grundlage, die Bibel, zu erinnern.» Ähnlich würde ich sagen: Die Aufgabe dieses Büchleins ist es, daran zu erinnern, daß die *eine* Bibel die Grundlage ist, auf die sich alle die verschiedenen Zugangswege beziehen. *Sie* führte uns ins Gespräch miteinander, und sie ließ uns etwas von der Zusammengehörigkeit in der Kirche erfahren. Dieses Büchlein möchte helfen, daß Gespräche wie das unsrige auch andernorts, in Gemeinden, zwischen Kirchen und Gruppen, stattfinden können. Es richtet sich an solche Menschen, die dieses Gespräch führen können und müssen: Mitarbeiterinnen und Mitarbeiter in den Gemeinden, Pfarrerinnen und Pfarrer, theologisch interessierte Laien, die obengenannten «Bibeleliten». Ob es uns gelungen ist, auch für Nichttheologinnen und Nichttheologen halbwegs verständlich zu schreiben? Zwei Nichttheologinnen und zwei Nichttheologen haben die Manuskripte kritisch gelesen und uns einen im ganzen ziemlich mittelmäßigen Erfolg bescheinigt. Wir haben uns jedenfalls Mühe gegeben!

Das Büchlein möchte also helfen, Ängste vor anderen abzubauen und andere Zugangswege zur Bibel besser zu verstehen. Weil wir Gespräche anregen möchten, haben wir uns auch dazu entschlossen, einen Teil unserer eigenen Gespräche in Form von kritischen Fragen, die am Schluß jedes Beitrags abgedruckt sind, mit zu veröffentlichen. Diese Fragen zeigen, daß wir selbst längstens noch nicht am Ende des Gesprächs sind: Manche Gegensätze blieben bestehen. Auch wir haben uns immer wieder mißverstanden und aneinander vorbeigeredet; die kritischen Anfragen zeigen auch das.

Die Reihenfolge der sechs Beiträge will keine Wertung ausdrücken; sie könnte genausogut umgekehrt sein.

Zum Schluß bleibt das Danken: Wir danken den AutorInnen dafür, daß sie so intensiv mitgemacht haben, ihre Manuskripte immer und immer wieder aufgrund der Fragen anderer umarbeiteten und sich in sehr direkter Weise befragen ließen. Wir danken Frau Roswitha Ebner-Golder und Herrn Jean Anderfuhren für die Übersetzungen der Manuskripte ins Französische resp. ins Deutsche. Wir danken Frau Mei Jäggi Stotzer, Frau Danielle Meier, Herrn Eric Jeanneret und Herrn Bernhard Linder, die als Nichttheologinnen und Nichttheologen unsere Manuskripte lasen. Frau Rosemarie Gallay hat für die Redaktion viel gearbeitet. Wir danken den Mitarbeiterinnen des Zentrums Schloß Hünigen dafür, daß wir dort eine Atmosphäre fanden, in der es sich gut arbeiten ließ. Wir danken dem Schweizerischen Evangelischen Kirchenbund, daß er die Unkosten, die auch eine solche Arbeit mit sich bringt, getragen hat. Und wir danken dem Theologischen Verlag Zürich für die rasche Drucklegung und seinem Lektor, Herrn Dr. M. Florin, für seine gründliche und kritische Lektüre unserer Versuche.

Sechs verschiedene Zugänge zur Geschichte von der wunderbaren Speisung Mk 6,30-44

Der Text:

30Und die Apostel kamen [wieder] bei Jesus zusammen und berichteten ihm alles, was sie getan und was sie gelehrt hatten. 31Da sagte er zu ihnen: Kommet ihr allein abseits an einen öden Ort und ruhet ein wenig! Denn es waren viele, die ab und zu gingen, und sie hatten nicht einmal Zeit, zu essen. 32Und sie fuhren mit dem Schiff abseits an einen öden Ort. 33Und man sah sie wegfahren, und viele merkten es; und sie liefen zu Fuß aus allen Städten dort zusammen und kamen ihnen zuvor. 34Und als er ausstieg, sah er viel Volk, und er fühlte Erbarmen mit ihnen, denn sie waren wie Schafe, die keinen Hirten haben; und er fing an, sie vieles zu lehren.
35Und als die Zeit schon sehr vorgerückt war, traten seine Jünger zu ihm und sagten: Der Ort ist öde und die Zeit schon sehr vorgerückt. 36Entlasse sie, damit sie in die Gehöfte und Dörfer ringsumher gehen und sich etwas zu essen kaufen. 37Er aber antwortete und sprach zu ihnen: Gebet *ihr* ihnen zu essen! Und sie sagten zu ihm: Sollen wir hingehen und für zweihundert Denare Brot kaufen und ihnen zu essen geben? 38Er aber sagte zu ihnen: Wieviel Brote habt ihr? Gehet hin, sehet nach! Und als sie es erkundet hatten, sagten sie: Fünf, und zwei Fische. 39Und er befahl ihnen, alle sich nach Tischgesellschaften ins grüne Gras lagern zu lassen. 40Und sie setzten sich in Gruppen zu hundert und zu fünfzig. 41Da nahm er die fünf Brote und die zwei Fische, blickte zum Himmel auf, sprach das Dankgebet darüber, brach die Brote und gab sie den Jüngern, damit sie sie ihnen vorlegten, und die zwei Fische teilte er unter alle. 42Und alle aßen und wurden satt. 43Und sie hoben an Brocken zwölf Körbe voll auf, und [dazu auch] von den Fischen. 44Und die die Brote gegessen hatten, waren fünftausend Männer.

Daniel Marguerat

Der Reichtum des fremden Textes

Ein historisch-kritischer Zugang zur Bibel

Wer seine Bibel öffnet, um darin einen Text zu lesen, muß darauf gefaßt sein, daß dieser ihm einen widersprüchlichen Eindruck machen wird. Einerseits spricht ein solcher Text den Leser unmittelbar an: Er redet von Gott, von Beziehungen zu anderen Menschen, von Glauben, Gewalt, Geld, Mann und Frau, Leiden und Sterben. Der Leser erkennt darin ohne weiteres seine eigenen Lebensprobleme. Das Wort ist ihm nahe.

Andererseits handelt die Bibel von Ereignissen in der Vergangenheit. Die Epoche der Richter oder die Geschichte des Königs David ist nicht mehr die unsere. Man kann heute nicht mehr so mit Jesus wandeln wie einst seine Jünger. Die Galater, denen der Apostel Paulus schrieb, sind verschwunden. Die Welt des Alten und des Neuen Testaments ist für uns nicht mehr greifbar; sie ist in der Vergangenheit versunken. Das Wort kommt von weit her.

I. Was will die historisch-kritische Interpretation?

Transparenz und Undurchsichtigkeit der Bibel

Biblische Aussagen sind stets heutig und gestrig, transparent und undurchsichtig zugleich. Die Transparenz der Bibel entspricht ihrem Auftrag, aus Gottes Offenbarung die Existenz des Menschen in der Welt zu beleuchten. Die Bibel äußert sich zu den Rätseln, die menschliches Schicksal kennzeichnen; sie erforscht dessen Grenzen; sie enthüllt Größe und Berufung des Menschen vor Gott. Gleichzeitig trennt uns jedoch ein geschichtlicher und kultureller Graben von den Aussagen, die für unsere Gotteserkenntnis unentbehrlich sind. Man kann diese historische Distanz kaum leugnen, ohne damit Naivität zu beweisen.

Was sind nun aber die Folgen dieser Distanz? Eine Konsequenz drängt sich auf: Wir müssen *zum Text zurückkehren*, um ihn zu verstehen. Wer keine Ahnung davon hat, was ‹Gesetz› zu Jesu Zeiten bedeutete, kann das Evangelium überhaupt nicht verstehen. Auch der Begriff ‹Bund›, der das ganze Alte Testament kennzeichnet, läßt sich nicht verstehen, ohne daß man sich darüber klar wird, wie Herren und Untertanen im Altertum miteinander umgingen. Wir müssen nach dem Sinn der Rede vom ‹Bündnis› in der damaligen Zeit fragen, sonst laufen wir Gefahr, diese Sprache völlig falsch zu verstehen.

Der historisch-kritische Zugangsweg setzt sich deshalb zum Ziel, das Alter eines Textes zu berücksichtigen, um seine Wahrheit heutigem Verständnis zu erschließen.

Historisch und kritisch

Ihren eigenartigen Namen verdankt die historisch-kritische Interpretation den beiden Überzeugungen, die ihr zu Gevatter standen. *Historisch* heißt diese Art Interpretation, weil sie behauptet, um die Bibel zu verstehen, müsse man sie in ihre ursprüngliche geschichtliche Situation zurückversetzen. *Kritisch* ist solche Interpretation, weil sie von der Überzeugung ausgeht, der Sinn des Textes sei jedermann zugänglich. Gerade weil die Bibel von inspirierten Menschen geschrieben wurde, läßt sie sich durch menschliche Intelligenz erforschen; das Verständnis der Bibel ist weder Privileg irgendeiner kirchlichen Instanz noch ausschließliches Vorrecht einiger weniger Gelehrter oder einer Handvoll Erwählter.

Wir werden uns nun eingehender mit den beiden ebengenannten Grundsätzen beschäftigen: Einerseits gehört die Bibel in ihr historisches Umfeld, andrerseits ist sie ein Wort, das sich jedermann anbietet.

Unvorhergesehene Leser und Leserinnen

Die Bibel gehört in ihr historisches Umfeld. Dafür spricht noch ein triftigerer Grund als bloß die Schwierigkeiten beim Verstehen ihrer Sprache. Es steht nämlich fest, daß *wir nicht die ursprünglichen Adressaten dieser Schriften sind*. Gewiß gehen wir mit der Kirche einig, wenn sie die biblischen Schriften als Nährboden unseres Glaubens bezeichnet; sie bestimmen die Grenzen christlichen Glaubens. Die Liste der Bücher des Alten und des Neuen Testaments, die die Kirche im Lauf der ersten Jahrhunderte gebilligt hat, der sogenannte Kanon, ist der Maßstab, woran jegliche Aussage über Gott gemessen werden muß.

Doch ergibt sich daraus ein Paradox: Keines dieser Dokumente ist ursprünglich an uns gerichtet. Der Apostel Paulus hat seine Briefe an die Gläubigen in Rom, Philippi oder Thessaloniki geschrieben, um auf Fragen zu antworten, die sie umtrieben, oder um bei Krisen in der Gemeinde zu intervenieren. Jedoch entsprechen ihre Fragen nicht unbedingt denen, die uns heute beschäftigen. Die Evangelien unterliegen einer ähnlichen Bearbeitung: Auch sie richten sich an einen bestimmten Kreis von Leserinnen und Lesern mit spezifischen Eigenschaften und Problemen; wie anders ließe sich sonst die allmähliche Entstehung von vier verschiedenen Evangelien erklären?

All dies bedeutet, daß wir – obwohl die Bibel für uns die Quelle göttlicher Offenbarung ist – uns damit abfinden müssen, nur ‹zweitrangige› Leser zu sein. Wir sind unvorhergesehene Leser und Leserinnen, wenn wir heute Werke entdecken, die für die in Babylon gefangengehaltenen Israeliten bestimmt waren, oder wenn wir eine Korrespondenz entziffern, die sich an die ersten Christen richtete. Die biblischen Autoren hatten weder das Bewußtsein noch die Absicht, Ewiggültiges festzuhalten. Sie wollten von ihren Lesern und Leserinnen verstanden werden, brauchten deshalb deren Sprache und nahmen Bezug auf deren Weltbild; sie erzählten und argumentierten mit den damals üblichen Mitteln.

Distanz überwinden
Wie läßt sich jedoch die Distanz überwinden, die uns von diesen ersten Adressaten trennt? Wie können wir uns ins Gespräch eines Autors einschalten, das dieser einst mit den Gläubigen, denen er schrieb, geführt hat?

Die historisch-kritische Lektüre hat ein solches Programm entwickelt. Sie nimmt sich vor, die bei der Abfassung der Schriften herrschenden Verhältnisse so gut als möglich zu rekonstruieren. Sie rekonstruiert das religiöse, kulturelle, wirtschaftliche, soziale und politische Umfeld, in dem der biblische Autor das Wort ergriffen hat. Dabei geht es ihr darum, den *Kontext der Kommunikation*, der jede einzelne Schrift ihre Entstehung verdankt, so wahrheitsgetreu wie möglich zu rekonstruieren. Wer ist ihr mutmaßlicher Autor? Wer sind die Adressaten? Auf welche Anfragen antwortet die Schrift? Welchen Abweichungen vom Glauben will sie wehren? Auf welche Ereignisse nimmt sie Bezug? Aus welchen Umständen ergibt sich ihre Gottesvorstellung? Und falls der Autor seinen Text der Tradition entnimmt: Wie legt er diese aus?

So erweckt die Exegese das Gespräch wieder zum Leben, das zwischen dem Autor und der Gemeinde, der sein Schreiben galt, stattfand.

Die Tatsache der Menschwerdung
Sollen wir uns über die Distanz wundern, die wir zurücklegen müssen, um zum Text zu gelangen? Sollen wir enttäuscht sein darüber, daß uns der direkte Zugang zum Wort Gottes verwehrt bleibt? Mitnichten, denn diese Distanz ergibt sich aus der Tatsache der Menschwerdung. «Das Wort ist Fleisch geworden» (Joh 1,14). Gott ist Mensch geworden in einer irdischen menschlichen Geschichte, die aus lauter geschichtlichen Besonderheiten besteht. Man erreicht Gott da, wo er etwas von sich aussagt, da, wo er sich darbietet: in der menschlichen Geschichte.

So ist die Schrift nicht ein Schatz von zeitlosen Wahrheiten, die ewig Bestand haben und die man ohne weiteres aus ihrem historischen Umfeld herausheben könnte, um sie in die Gegenwart zu übertragen. Gott ist ewig, im Gegensatz zu dem, was Menschen über ihn aussagen. Das biblische Zeugnis entfaltet eine Geschichte, die Gott am Werk zeigt, eine unwiederbringliche Geschichte, die eine besondere Chance bietet, ihn kennenzulernen.

Die historisch-kritische Interpretation versucht, den Text zu hinterfragen, um an die Geschichte, von der er berichtet, heranzukommen. Denn die biblischen Autoren sind keine Geschichtsschreiber im heutigen Sinn. Die Heilige Schrift ist eine *Erinnerung des Glaubens*, die in der Geschichte etwas erkennt, was dem Ungläubigen verborgen bleibt: die Spur Gottes, der vorüberzog. Dabei läßt sich feststellen, daß der Blickwinkel des Gläubigen gewisse Tatbestände größer erscheinen läßt und andere dafür verschweigt, um das eine, das ihm wichtig ist, zur Geltung zu bringen: Gott, der sich zu erkennen gibt.

Die Heilige Schrift zu lesen bedeutet jedoch nicht, daß wir ihren Wortlaut einfach wiederholen, und auch nicht, daß wir ihr irgendeine unumstößliche Wahrheit oder Anordnungen für ein Verhalten entnehmen, das heute unverändert wiederholt werden müßte. Die Schrift zu lesen bedeutet vielmehr wahrzunehmen, wie sich Gott in ihr zu erkennen gibt, welches Menschenbild sich aus dieser Erkenntnis erschließt, um Christen zu ermutigen und sie anzuleiten, damit sie ihm so treu bleiben, wie dies heute erforderlich ist.

Der erste Grundsatz historisch-kritischer Lektüre – den Text in seinen historischen Bezug zurückzuführen, um dadurch seinen Sinn zu erschließen – gründet deshalb auf der Tatsache der Menschwerdung.

Eine befreiende Tat
Wir haben von einem zweiten Leitsatz gesprochen: Die Bibel ist ein Wort, das sich an alle richtet. Dieses Postulat wird verständlich, wenn wir uns dem Ursprung der historisch-kritischen Methode zuwenden.

Ihre Anfänge liegen in der humanistischen Tradition, die sich im 16. Jahrhundert wieder mit Vorliebe der Geschichte zuwendet, die Schriften des Altertums hervorholt und mit Bestürzung vom Graben Kenntnis nimmt, der sie vom Altertum trennt. Auch ist die historisch-kritische Lektüre eine Frucht der Reformation: Sie übernimmt das Erbe des freien Zugangs zur Bibel, den die Reformatoren gegen die Beschränkung der Heiligen Schrift auf eine klerikale Elite erkämpft haben. Die Arbeitsweisen der historisch-kritischen Methoden wurden dann im Rahmen des rationalistischen Denkens auf den europäischen Universitäten des 18. und 19. Jahrhunderts gebildet. Diesem doppelten Ursprung verdankt die historisch-kritische Lektüre ihr ganz spezifisches Aussehen. Dem Humanismus entstammt ihre Überzeugung, der Text müsse in seiner Ursprache gelesen werden (also das Alte Testament hebräisch, das Neue Testament griechisch), damit man dem Sinn der darin vorkommenden Begriffe möglichst nahe komme. Von der Reformation leitet sie ihren Auftrag ab, die Ergebnisse ihrer Forschung allgemein zugänglich zu machen, wofür die Exegeten mit ihren Veröffentlichungen gesorgt haben. In einem höheren Maße aber wurzelt die historische Kritik in jenem von der Reformation herbeigeführten Umbruch, der es erlaubte, den Text von seiner herkömmlichen kirchlichen Lesart zu lösen. Während die Auslegung der Bibel bisher vom kirchlichen Lehramt gesteuert wurde, das allein darüber befand, was als richtig oder falsch zu gelten hatte, nahmen die Reformatoren für sich das Recht in Anspruch, in aller Freiheit zum Text zurückzukehren.

Freiraum
Der historisch-kritische Zugangsweg eröffnet also zwischen dem Leser bzw. der Leserin und dem Text einen Freiraum, der Text und LeserInnen gleichermaßen befreit. Befreiung der *LeserInnen*: Ihnen wird ohne jeglichen Vorbehalt erlaubt, den Text zu befragen; alle Fragen, jede Art von Staunen und Forschung sind gestattet. Zugleich geht es um Befreiung des *Textes* in dem Sinne, daß er dem Zugriff des Lesenden entzogen wird, der meint, er verfüge über einen unmittelbaren Zugang zum Text.

Die Kritik gibt zu, daß sie nicht von allem Anfang an weiß, was der Text sagen wird, sie muß Überraschungen gegenüber offen sein. Sie bedroht den Text nicht, sondern bemüht sich, ihn in seiner Fremdartigkeit anzunehmen.

Eine ergiebige Forschung
Es läßt sich nicht leugnen, daß mit dieser Freiheit des Lesens ein Zeitalter außerordentlich ergiebiger Forschung eingeläutet wur-

de. Keine Lektüre der Wunder Jesu kann heutzutage auf das Wissen darüber verzichten, wie man zu Jesu Zeiten Krankheit beurteilte. Die Briefe des Apostels Paulus an die Korinther lassen sich viel leichter lesen, wenn man über die Krise Bescheid weiß, die die Gemeinde damals spaltete und die die heftigen Wortausbrüche des Apostels erklärt. Man versteht die Risse und Wiederholungen in den fünf Büchern Mose besser, wenn man sie als eine Mischung von verschiedenen Quellenschriften liest.

Die Fruchtbarkeit dieser Methode erweist sich an den verschiedenen Ansätzen, die aus der historischen Kritik hervorgegangen sind: der soziologischen, der materialistischen und der feministischen Interpretation. Diese drei Zugangswege bedienen sich der Methoden historisch-kritischer Analyse und bewahren ihre spezifische Sichtweise bei der jeweiligen Rekonstruktion der Geschichte. Die soziologischen und materialistischen Zugangswege bemühen sich, die sozialen und wirtschaftlichen Kräfteverhältnisse aufzuzeigen, die dem Text zugrunde liegen. Der feministische Zugangsweg mit seiner Rekonstruktion der Geschichte der Frauen, die vom ‹androzentrischen› (d. h. auf Männer zentrierten) Text unterdrückt wurde, wäre völlig undenkbar ohne die Werkzeuge, die von der historischen Kritik geschaffen wurden.

Das methodische Instrumentarium der historisch-kritischen Interpretatition wird zudem dauernd verbessert. Zu den klassischen Werkzeugen, die den Wortlaut des Urtextes rekonstruieren, seine literarische Form bestimmen, die dokumentarischen Quellen erschließen, die dem Autor als Vorlage gedient haben, und seine Sprache erforschen, kommen heute noch diejenigen der Sprachwissenschaften (Linguistik und Rhetorik) und der Soziologie der Kommunikation hinzu.

Eine objektive Methode?
Ist der historisch-kritische Zugangsweg zum biblischen Text ein ‹objektiver›? Kann in diesem Zusammenhang von einer Methode gesprochen werden, die sich dem Text gegenüber neutral verhält? Hüten wir uns vor überstürzten Urteilen. Am Anfang der Ent-

wicklung der historisch-kritischen Methode glaubten Männer wie J. J. Semler, J. G. Herder und J. Ph. Gabler über ein Werkzeug von unbestechlicher Objektivität zu verfügen. Aber da befand man sich im 18. Jahrhundert, mitten im Rationalismus, und die Menschheit war von der Neutralität der Vernunft überzeugt. Seither herrscht ein anderer Geist.

Man weiß heutzutage, daß *keine Interpretation wahrhaft neutral ist*, denn der Leser geht bei seinen Entscheidungen von Voraussetzungen (z. B. intellektueller oder konfessioneller Natur) aus, die ihm nicht immer bewußt sind. Der Traum von der Objektivität ist ausgeträumt. Die historisch-kritische Analyse weiß heute, daß sie nicht von sich behaupten darf, dem Text gegenüber je völlig objektiv zu sein. Dagegen – und dies ist ihr Verdienst – bleibt sie für den ganzen Text mit allen Fragen, die er stellt, offen. Nichts schränkt ihre Forschung ein. Keine Frage ist verboten.

Im Gegensatz zu anderen Zugängen stellt die historisch-kritische Methode nicht das Prinzip auf, daß die Texte nie voneinander abweichen (fundamentalistische Interpretation), noch daß sich die Geschichte nur aus wirtschaftlichen Konflikten erklären lasse (materialistische Interpretation). Sie richtet ihr Augenmerk auch nicht ausschließlich auf die Beziehung von Mann und Frau (feministische Interpretation). Die historisch-kritische Interpretation schützt somit den Text vor jeglicher Vereinnahmung durch eine allzu fromme Absicht oder einen speziellen Standpunkt. An ihr lassen sich die Einseitigkeiten anderer Lektüren ermessen – nicht weil sie selber neutral wäre, aber weil sie offen sein will für alle Fragen, die der Text aufwirft.

Erklären und Verstehen
Dem historisch-kritischen Zugangsweg wurde vorgeworfen, er schiebe durch sein starkes Interesse an der Entstehung eines Textes diesen unwiderruflich in die Vergangenheit zurück. Was jedoch den heutigen Leser feßle, sei nicht die Kenntnis der geistigen Verfassung der Galater; vielmehr versuche er herauszufinden, welche Wahrheit sich aus der Debatte zwischen Paulus

und dieser Gemeinde für sein eigenes Glaubensleben ergebe. Hat also die historische Kritik die Tatsache aus den Augen verloren, daß das biblische Wort eine theologische Wahrheit auch für die heutige Zeit vermittelt?

Dem ist nicht so. In Tat und Wahrheit spielt hier die historisch-kritische Interpretation bloß eine untergeordnete Rolle. Sie erfaßt den Text als historisches Dokument, als literarischen Niederschlag einer tatsächlichen Geschichte. Sie rekonstruiert den historischen Sinn des Textes. Darunter versteht sie die Bedeutung, die der Autor seinem Text anfänglich mitgegeben hat; sie erschließt damit noch nicht den Sinn, den der Text heute haben könnte. Der Exeget entziffert die Nachricht, die Paulus den Galatern zum Thema des Gesetzes übermittelt hat; er stellt noch nicht fest, welche Freiheitstheologie in der heutigen Zeit auf diesem Sendschreiben aufgebaut werden kann.

Hier geht es um den grundlegenden Unterschied zwischen Erklären und Verstehen. Die historisch-kritische Interpretation versetzt den Text in sein ursprüngliches Umfeld und rekonstruiert die Botschaft, die er seinen ersten Adressaten übermittelt hat. Sie erklärt den Text. Wenn der Text erst einmal erklärt ist, muß er jedoch auch noch verstanden werden; nach der Erklärung verlangt er nach einer Auslegung. Dieser zweite Vorgang bewirkt nun, daß das richtig erklärte Wort für Leser und Leserinnen zu einem Wort der Wahrheit wird. Der Heilige Geist wirkt beim Verständnis mit. Denn ohne den Beistand Gottes gelangt die menschliche Vernunft nicht zu einem lebensspendenden Verständnis der Schrift.

Beim Lesen der Schrift *bilden Vernunft und Glaube die beiden unentbehrlichen Bestandteile*. Gott braucht unsere Intelligenz, damit wir den Buchstaben erfassen, und er braucht den Glauben, damit wir uns dem Geist öffnen – beide sind in ihrer Eigenart unentbehrlich. Um sicherzugehen, daß das gelesene Wort nicht auf die Vorstellungswelt des Lesers beschränkt bleibt, muß es unbedingt zuerst in seinem ursprünglichen Sinn wahrgenommen werden; dies ist der Auftrag der historischen Kritik.

Im Verständigungsprozeß, der zum Empfang eines Wortes der

Wahrheit führt, leistet daher die historisch-kritische Lektüre nur einen beschränkten, wenngleich unersetzlichen Beitrag: Sie erklärt den Text.

II. Erklärung der Speisungsgeschichte Mk 6,30–44

Die Geschichte figuriert in unserem Gedächtnis unter dem Titel «Speisung der Fünftausend». Das wunderbare Wirken Jesu, der eine riesige Volksmenge ernährt, regt die Phantasie an: Was für anderer Wunder ist der Herr sonst noch fähig? Auch die Auswirkung der Tat fällt ins Auge: Es geht um leere Mägen und gestillten Hunger. Nachdem Jesus die 5000 Leute mit Worten gesättigt hat (V. 34), nährt er nun auch noch die Körper seiner Hörer. Die Geste des Brotverteilens spricht von einem Gott, der den Seinen gegenüber wohlgesinnt ist. Die Botschaft ist klar.

Andrerseits stößt man beim Lesen der Erzählung auf Geheimnisse. Was hat sich am See Genezareth wirklich zugetragen? Die Evangelien beschreiben das Ereignis in sechs Fassungen: zwei stehen bei Markus (6,30–44; 8,1–10), zwei bei Matthäus (14,13–21; 15,32–39), eine bei Lukas (9,10–17) und eine bei Johannes (6,1–15). Beim aufmerksamen Lesen dieser verschiedenen Fassungen zeigt es sich, daß in der Teilnehmerzahl, in Jesu Gespräch mit seinen Jüngern und in der Menge der Brote und Fische keine Übereinstimmung herrscht. Wie ist diese außergewöhnliche Verschiedenartigkeit der Erzählungen zu verstehen? Auch schweigt sich der Text über einen Punkt aus, der Neugierde weckt: Wie ist diese ‹Brotvermehrung› vor sich gegangen? Welche Absicht verfolgte Jesus mit diesem ungewöhnlichen Wunder, von dem gemäß den Ausführungen des Evangelisten die Jünger offenbar rein nichts verstanden haben (Mk 6,52)?

Einerseits ist der Text klar. Andrerseits gibt er mehrfache Rätsel auf. Damit wird uns die doppelte Wirkung des biblischen Textes auf den heutigen Leser klar vor Augen geführt: *Transparenz und Undurchsichtigkeit.* Im ersten Jahrhundert geschrieben, wendet er sich an Leser, die Wunder gewohnt sind. Ihnen gab er

Schlüssel zum Verständnis, die auf der Oberfläche des Textes verteilt waren und die Lektüre erleichterten. Diese Schlüssel gilt es wiederzufinden. Die historisch-kritische Analyse ist bestrebt, derartige Markierungen für den Sinn des Textes aufzuspüren. Sie stellt deshalb der Reihe nach Fragen zu folgenden Themen:

1. der *Form* der Erzählung
2. den *religiösen Traditionen*, die der Erzählung zugrunde liegen
3. der *Beziehung zum Leben* der Kirche
4. dem *Ereignis* hinter dem Text
5. der Aufnahme der Erzählung ins *Markusevangelium*.

1. Ein Geschenkwunder
Welche *literarische Form* zeigt die Erzählung von Mk 6? Die frühere Forschung sprach von ‹Naturwundern› und unterschied diese von den Berichten über Heilungen. Unterdessen hat man festgestellt, daß unser Text eher den Geschenkwundern zuzurechnen ist; zu dieser Kategorie zählen außerdem noch die Wunder von Kana (Joh 2), vom wunderbaren Fischfang (Lk 5; Joh 21) sowie diejenigen der Propheten Elia und Elisa (1 Kön 17,8–16; 2 Kön 4,42–44). Diese Art Wunder weist drei charakteristische Merkmale auf:

a) Das Geschenkwunder hilft einem Mangel an materiellen Gütern ab: Wein für das Fest (Joh 2), Fisch (Lk 5), Brot (Mk 6). Die Beschenkten stellen keine Forderungen und erwarten nichts; es ist der Gottesmann, der ihre Not sieht und überraschend eingreift. Auch in unserer Geschichte (Mk 6) verlangen die Leute nichts. Durch ihre stumme Gegenwart – die einfallende Nacht zeigt an, daß die Essenszeit (17 Uhr) vorüber ist – verkörpert die Menschenmenge die Ohnmacht und die Resignation leerer Bäuche. Jesus trifft die verrückte Entscheidung, sie zu ernähren, während die Jünger den viel vernünftigeren Vorschlag machen, sie wegzuschicken (6,36).

b) Die Erzählung berichtet sehr zurückhaltend über den Ablauf des Wunders: keine Berührung, keine magische Formel.

Jesus erhebt die Augen als Zeichen des Gebets zum Himmel, er spricht den Segen, bricht das Brot und verteilt es an die Gäste (6,41); genau gleich verfuhr damals jeder jüdische Familienvater zu Beginn der Mahlzeit. Der Überfluß entspringt nicht irgendeiner geheimnisvollen Handlung, sondern dem alltäglichen liturgischen Brauch des Segnens und Austeilens. Man wird deshalb besser von einem Teilen der Brote als von einer ‹Brotvermehrung› sprechen und dabei besonders festhalten, daß diesem Teilen ein Gebet vorangeht: Jesus erhält die Fähigkeit, mit Wenigem zu sättigen, von Gott.

c) Die wunderbare Handlung mag eine ganz gewöhnliche sein, ihr Ergebnis ist jedoch außerordentlich: Wein von ausgezeichneter Qualität (Joh 2), Netze zum Bersten voll mit Fischen (Lk 5), eine gesättigte Menschenmenge und zwölf Körbe voller Reste (Mk 6,42–43). Das Wunder zeugt von *Überfluß*. Es teilt keine Tagesration aus, sondern füllt bis zum Sattwerden. Man stellt auch fest, daß der Fülle von Brot eine Fülle von Worten vorausgeht (»Und er fing eine lange Predigt an« 6,34.); mit Worten und mit Brot gesättigt, sitzt die Menschenmenge im Überfluß.

Jede literarische Form hat eine ganz bestimmte Funktion bei der Übermittlung des Evangeliums. Welche Botschaft verkündigen die Geschenkwunder? Sie richten sich an Männer und Frauen, die sich mit Problemen des täglichen Überlebens konfrontiert sehen, und möchten gegen die Resignation als Lebenshaltung ankämpfen. Ausgehend vom wenigen, was die Jünger haben (fünf Brote und zwei Fische), kann der Herr Fülle schaffen, ja sogar Überfluß. Es handelt sich um eine Ermunterung, weder die Not als Schicksal noch die fehlenden Lebensmittel als Grund zur Handlungsunfähigkeit hinzunehmen.

2. *Die Wunderwerke des Auszugs aus Ägypten*

Welche religiösen Modelle liegen der Erzählung zugrunde? In der griechisch-römischen Religion findet sich keine Entsprechung für das Brotwunder, wohl aber im Alten Testament. Den mit der hebräischen Bibel vertrauten Leser überrascht die enge Verwandtschaft mit einem Wunder des Propheten Elisa, das unsere Erzählung nachzuahmen scheint:

«Es kam aber ein Mann von Baal-Schalischa und brachte dem Mann Gottes Erstlingsbrot, nämlich zwanzig Gerstenbrote, und neues Getreide in seinem Kleid. Er aber sprach: Gib's den Leuten, daß sie essen! Sein Diener sprach: Wie soll ich davon hundert Mann geben? Er sprach: Gib den Leuten, daß sie essen! Denn so spricht der Herr: Man wird essen, und es wird noch übrigbleiben. Und er legte es ihnen vor, daß sie aßen; und es blieb noch übrig nach dem Wort des Herrn» (2 Kön 4,42–44).

Man ist verblüfft über die gleichartige Struktur der beiden Erzählungen: a) die Begegnung mit dem Gottesmann; b) die Feststellung des fehlenden Brotes; c) der dem/den Jünger/n erteilte Befehl, das Brot zu verteilen; d) der Einwand der Jünger, die dann doch dem Befehl nachkommen; e) die Mahlzeit erweist sich als reichlich und endet mit einem Überschuß.

Diese faszinierende Nähe ist kein Zufall. In der jüdischen und christlichen Tradition wird nämlich häufig der Handlungsablauf einer alten Erzählung wieder für eine neue verwendet; damit soll gesagt werden, daß das alte Wort im neuen seine Erfüllung findet. Unsere Erzählung entspricht dieser biblischen Tradition: Jesus sättigt das hungrige Volk, wie es einst Elisa tat. Er tut es sogar noch besser, denn nicht nur 100, sondern 5000 werden satt! In Christus wird der Glaube Israels aktualisiert: «Denn so spricht der Herr: Man wird essen, und es wird noch übrigbleiben.» Wer hinter der Erzählung von Markus 6 das Wunder des Elisa wie ein Wasserzeichen im Papier zu sehen vermag, findet einen Schlüssel zur Deutung des Ereignisses: Die Tat Jesu ist nicht als vereinzeltes Bravourstück eines Zauberkünstlers zu verstehen; sie verkörpert vielmehr die Macht des Gottes Israels, den der Hunger rührt und der dem Volk, das er liebt, hilft.

Dahinter steckt aber noch mehr. Eine Eigentümlichkeit der Erzählung weist auf das Vorhandensein eines weiteren Schlüssels zum Verständnis hin: «Und er gebot ihnen, daß sie sich alle lagerten, tischweise, auf das grüne Gras. Und sie setzten sich, in

Gruppen zu hundert und zu fünfzig» (6,39–40). Diese merkwürdige Anordnung der Menge steht im Gegensatz zum Vers 34: «Sie jammerten ihn, denn sie waren wie Schafe, die keinen Hirten haben.» So offenbart sich Jesus als der Vertreter eines Gottes, der als Hirt gedacht wird und den das Elend seines zerstreuten Volkes rührt (der griechische Begriff *splanchnizesthai* bedeutet wörtlich: an den Eingeweiden gepackt werden); er führt es, um es auf einer grünen Aue zu weiden (Ps 23,2). Die Angaben über die Größe der Gruppen erinnern an den Auszug des Volkes Israel in die Wüste, wo Gott sich als Hirte seines hungernden Volkes erwiesen hat. Die wunderbare Speisung mit Manna und Wachteln, die Gott schickte, als sein Volk vor Hunger schrie (2 Mose 16; 4 Mose 11), ist im Gedächtnis des jüdischen Volkes haftengeblieben als Musterbeispiel für die Unterstützung, die Gott den Seinen durch das «Brot vom Himmel» zukommen läßt (5 Mose 8,3.16; Ps 78,24–25.29; 105,40; Weish 16,20–26; 1 Kor 10,3; Joh 6,28–59). Nun aber hatte Moses in der Wüste das Volk so eingeteilt, daß ‹Vorgesetzte› Abteilungen von 1000, 100, 50 und 10 vorstanden (2 Mose 18,21.25); diese Organisation hielt man für die ideale Anordnung des Gottesvolkes, die der Messias in seinem Reich wiederherstellen würde (4 Mose 31,14; 5 Mose 1,15; ebenso in den Schriften von Qumran und Henoch 69,3).

So versteht man nun, worauf sich die Zahlen in der Erzählung beziehen. Jesus erneuert nicht nur das Wunder des Elisa. Unter seinen Händen wiederholen sich die Wunderwerke des Auszugs aus Ägypten, die ihn als endzeitlichen Propheten ausweisen, d. h. als den letzten Propheten, der wie Mose sein Volk in der Wüste leitet. Brote und Fische ersetzen Manna und Wachteln, und die Erzählung weist gleich zu Anfang darauf hin, daß die Menschenmenge Jesus an einer einsamen Stätte in der Wüste aufsuchte (Mk 6,32).

3. Das Echo des Abendmahls

Ein weiteres Merkmal weist auf einen bedeutsamen Zusammenhang zwischen dem Brotwunder und dem Leben der Kirche hin. Das haben schon die Kirchenväter der ersten Jahrhunderte bemerkt. Der Text spricht von etwas Außergewöhnlichem, einem Wunder; die Gesten Jesu aber sind etwas Alltägliches, sie entsprechen dem Segen des Familienvaters bei der Mahlzeit. Doch gleichzeitig stimmen die hier verwendeten Begriffe vollkommen mit denen überein, die der Evangelist braucht, um das Brechen des Brotes bei der letzten Mahlzeit Jesu zu beschreiben.

Mk 6,41: «Und er *nahm* die fünf Brote und zwei Fische und sah auf zum Himmel, *dankte* und *brach* die Brote und *gab* sie den Jüngern, damit sie sie unter ihnen austeilten.»
Mk 14,22: «Und als sie aßen, *nahm* Jesus das Brot, *dankte* und *brach's* und *gab's* ihnen und sprach...»

Was beabsichtigt der Text, indem er Jesu Handlungen beim Wunder mit der Sprache des Abendmahls beschreibt? Die Resonanz, die er zwischen dem Brotwunder und dem von Jesu eingesetzten Mahl zum Schwingen bringt, verdient besondere Beachtung, weil sie den Ort bezeichnet, wo nach dem Verständnis der ersten Christen Gott in der Kirche sein Angebot der allgemeinen Sättigung verwirklicht; dieser Ort ist die Feier des Herrenmahles. Im Augenblick, wo die Christen das Brot und den Wein der Eucharistiefeier miteinander teilen, bilden sie die Menschenmenge, die durch Predigt und Himmelsbrot reichlich gesättigt wird.

Man versteht nun, warum die ersten Christen das Andenken an das Brotwunder im Gedächtnis behalten und überliefert haben. Indem sie die Nachricht von einem Wunder verbreiteten, ging es ihnen nicht darum, der Sehnsucht nach einem bloß einmaligen Wunder Vorschub zu leisten. Vielmehr waren sie der Überzeugung, daß dieses Wunder der Liebe Gottes das Abendmahl, in dem Christus gegenwärtig wird, um das Leben den Seinen darzubringen, tiefer verstehbar werden läßt. Diese eucharistische Auslegung des Brotwunders tritt im zweiten Bericht (Mk 8,1–10) verstärkt in Erscheinung und erklärt das beinahe vollständige Verschwinden der Fische in den Texten von Matthäus und Lukas (vgl. Mk 6,41–43 mit Mt 14,19–20 und Lk 9,16–17).

4. Das Ereignis hinter dem Text
Läßt der Text Schlüsse auf das Ereignis zu? Wir haben bisher gezeigt, daß er aus drei traditionellen Motiven entstanden ist: dem Wunder des Elisa, der Gabe von Manna und Wachteln in der Wüste und dem Echo des Abendmahls. Sie alle haben den Sinn beeinflußt. So wie der Text uns nun überliefert ist, gleicht er einer Mauer, die allmählich während Jahren weiter aufgeschichtet wurde. Lassen sich die neueren Schichten von den älteren trennen, und erlaubt uns ein solches Abtragen den Zugang zu den historischen Tatsachen?

Die Exegeten sind allgemein der Ansicht, daß die eucharistische Auslegung, die sich bei den Überarbeitungen von Markus 6 durchsetzt, erst nach der Annäherung an die Elisatradition und an das Mannawunder stattgefunden hat.

Die historisch-kritische Analyse glaubte lange, es würde ihr gelingen, das ursprüngliche Ereignis zu rekonstruieren. Die einen dachten, der Bericht stimme ohnehin ganz genau mit den Tatsachen überein (J. Schniewind, M. J. Lagrange). Andere leugneten die Begebenheit im Namen der historischen ‹Wahrscheinlichkeit› und meinten, ursprünglich hätten Jesus und seine Jünger am Seeufer ein durch das Teilen spärlicher Vorräte gekennzeichnetes Picknick veranstaltet (H. E. G. Paulus; J. Weiss); man hat auch an einen rein symbolischen Bericht über die Wirksamkeit der Lehre Jesu gedacht (A. Loisy).

Heute ist die Kritik vorsichtiger. Sie weiß, daß jede Übermittlung eines Ereignisses zugleich eine Deutung beinhaltet. Die ‹nackte Tatsache› ist für uns *nicht greifbar*. Man wird sich deshalb darauf beschränken, mit J.-M. van Cangh zu sagen, daß der Tradition von der Brotverteilung ein eindrückliches Ereignis zwischen Jesus, den Jüngern und der Menschenmenge zugrunde liegt. «Die Art dieses Ereignisses kann jedoch nicht mit Sicherheit festgestellt werden, denn die Evangelisten richten ihr Augenmerk viel weniger auf die wortwörtliche Übermittlung der Tatbestände als darauf, beim Leser den Glauben an den Jesus zu wecken und zu stärken, der sie zustande gebracht hat ... Es geht den Evangelisten demnach weniger darum, ein Wunder zu beschreiben, das den Naturgesetzen widerspricht, als einen geheimen Aspekt von Jesu Persönlichkeit zu offenbaren.»[1] Die ersten Christen, denen dieses Ereignis von der Austeilung erzählt wurde, haben darin die Vergegenwärtigung früherer Wundertaten gesehen; ihre Erinnerung hat sich an Erzählungen aus der Heiligen Schrift angeglichen, an das Elisawunder und an das Epos des Auszugs aus Ägypten. Diese Spuren zeugen von der riesigen Hoffnung, die Jesus bei ihnen geweckt hat.

5. Die Aufnahme der Erzählung ins Markusevangelium
Der Evangelist Markus hat diese Erzählung übernommen, als sie im Gedächtnis der ersten Christen schon mit dem Wandeln auf dem Wasser (6,45–51) verbunden war. Er hat die beiden Berichte als Ganzes in das 6. Kapitel seines Evangeliums eingefügt. Seine eigene Hand zeigt sich erstens in der Einleitung (6,31–33), zweitens in der Einfügung einer geographischen Bestimmung und drittens in der Betonung des Unverständnisses der Jünger. Ich will auf diese drei Punkte näher eingehen.

Erstens versieht Markus die Erzählung mit einer Einleitung (6,31–33), die als Vorbereitung auf das Wunder dient. Die Jünger suchen einen Ort, wo sie sich nach ihrer Rückkehr aus der Mission ausruhen können (6,7–13.30). Im Markusevangelium will sich Jesus immer wieder zur Belehrung der Jünger «an eine einsame Stätte» zurückziehen (4,34; 7,33; 9,28). Die Menschenmenge jedoch, die sich ständig bemüht, ihm zu folgen, macht diese Absicht zunichte (siehe 1,32–34.45; 2,1–2.13; 3,7–11; 4,1–2; 5,21; 6,54–56; 10,1). In der Einleitung finden sich viele Motive, die Markus am Herzen liegen. Ihr Wortschatz verrät zudem den persönlichen Stil des Autors. Indem Markus hier das Bild einer Menschenmenge zeichnet, die Jesus und seine Jünger so stark bedrängt, daß ihnen nicht einmal Zeit zum Essen bleibt (6,31), stellt er eine sprachlose Menschheit dar, die Christus an der Mahlzeit teilhaben läßt, die seinen Jüngern nicht vergönnt war.

Zweitens: In seiner Geographie bleibt der Evangelist zwar

---

[1] J. M. van Cangh, *La multiplication des pains et l'eucharistie*, Paris 1975, 22–23.

unpräzise, doch liegt ihm offenbar daran, den ersten Brotbericht auf der westlichen Seite des Sees Genezareth, in jüdischem Gebiet, anzusiedeln (6,45), den zweiten Bericht (8,1–10) dagegen in der heidnischen Region der Zehn Städte östlich des Sees (7,31). Zwischen den beiden Erzählungen liegt die Begegnung Jesu mit der Frau aus Syrophönizien (7,24–30), der es gelingt, für ihre nichtjüdische Tochter Heilung zu erbitten, obschon Jesus Heilung eigentlich den Kindern Israels vorbehalten wollte. Jesus sagte: «Laß zuerst die Kinder satt werden; es ist nicht recht, daß man den Kindern das Brot wegnehme und es vor die Hunde werfe» (7,27). Die Reihenfolge der zwei Berichte im Handlungsablauf des Markusevangeliums illustriert dieses «Laß zuerst»; das erste Brotwunder ist für die Juden bestimmt, das zweite für die Heiden. Wenn die Gnade des Evangeliums die Nichtjuden erreicht (und das ist in den sechziger Jahren des ersten Jahrhunderts, als das Markusevangelium geschrieben wurde, der Fall), so war es wichtig, daß diese Gnade vom Gott Abrahams, Isaaks und Jakobs her kommt. Zuerst Israel, dann die Welt.

Drittens unterstreicht Markus hier wie auch an anderen Stellen seines Evangeliums das *Unverständnis der Jünger*. Nachdem diese Jesus zuerst nahelegten, die Leute wegzuschicken, lautet ihr zweiter (ironischer?) Vorschlag, sie würden für 200 Silberdenare Nahrung einkaufen gehen (6,37); eine solche Summe jedoch würde nicht ausreichen, um auch nur die Hälfte der Leute zu ernähren. Das Unverständnis der Jünger ist bei Markus nicht auf ihren verstockten Geist zurückzuführen; es hat theologische Gründe und bezieht sich auf Christi Schicksal. Was den Jüngern nicht eingeht, weil sie es nicht wahrhaben wollen, ist die Tatsache, daß Jesu Konsequenz ihn ans Kreuz führt (8,32–33; 9,33–37; 10,35–45). Sie irren sich in Christus. Ihr Mißverständnis besteht darin, daß sie einen vernünftigen Vorschlag unterbreiten, weil sie daran zweifeln, daß Jesus mit den lächerlichen Mitteln, die ihm zur Verfügung stehen – fünf Brote und zwei Fische – irgend etwas anfangen kann. Und doch entspringt dieser Schwachheit eine Fülle von Leben. Genau gleich verhält es sich mit dem Kreuz.

Wer also die Erzählung aus Markus 6 gemäß den Methoden

der historisch-kritischen Analyse liest, stellt fest, daß es sich dabei um eine Fülle von nach und nach angesammelten Auslegungen handelt. Die Erzählung, die uns heute erreicht, trägt ihre Vergangenheit in sich; die Verschiedenheit der sechs von den Evangelien festgehaltenen Versionen gibt die Vielfalt der Ansichten wieder, die Gläubige im ersten Jahrhundert vom Ereignis hatten. Der Reihe nach werden dem Leser zuerst die innere Bewegtheit Jesu, dann die Erinnerung an das Wunder des Elisa, ein Echo des Herrenmahls und die sich irrenden Jünger nahegebracht. Dadurch ergeben sich für den Leser nach und nach die verschiedenen Blickwinkel, aus deren Perspektive die ersten Christen das Ereignis betrachtet haben.

Der Text selber ist Spiegelbild der Begebenheit, von der er berichtet: Reich an Deutungen, vermag er zu sättigen, ohne daß irgendeine Art von Lektüre ihn jedoch ausschöpfen würde.

Lektürevorschläge zur historisch-kritischen Methode
G. Adam, O. Kaiser, W. G. Kümmel, *Einführung in die exegetischen Methoden*, München ⁶1979.
C. Bussmann, D. van der Sluis, *Die Bibel studieren. Einführung in die Methoden der Exegese*, München 1982.
N. Guillemette, *Introduction à la lecture du Nouveau Testament*, Paris 1980.
M.-A. Chevallier, *L'exégèse du Nouveau Testament. Initiation à la méthode*, Genève 1984.
D. Marguerat, *Le Dieu des premiers chrétiens*, Genève 1990.

Kritische Anfragen an D. Marguerat

Wolfgang Bittner: Nach der historisch-kritischen Methode ist Gott in der Geschichte nicht zu erkennen, es sei denn, man verstehe und interpretiere die Geschichte durch den Glauben als eine Geschichte, in der Gott handelt. Der Glaube ist dann also nicht Folge, nicht Frucht des Handelns und Redens Gottes, sondern hermeneutischer Schlüssel, durch den ein vieldeutiges Geschehen als Handeln Gottes gedeutet wird. Woher kommt diese Skepsis, daß Gottes Handeln in der Geschichte grundsätzlich nicht wahrgenommen werden kann? Ist das nicht eine philosophische Voraussetzung, die hinterfragt werden muß? Und worauf gründet dann der ‹Glaube›, der in der Geschichte Gott am Werk sieht? Bloß auf einen subjektiven Entscheid, der letztlich nicht ausweisbar ist?

Kuno Füssel: Inwieweit ist die historisch-kritische Arbeit am Text geprägt durch ihre hauptsächliche Verankerung in Universitäten, Akademien usw.? Wieweit hat sie schon deren Zwänge verinnerlicht und sie zur alles bestimmenden Norm wissenschaftlichen Arbeitens werden lassen?

Denise Jornod: Die feministische Exegese stützt sich erwiesenermaßen auf die Ergebnisse der historisch-kritischen Wissenschaft. Es wäre naiv, das Evangelium zu lesen, ohne sich über die Distanz Rechenschaft zu geben, die uns vom Text trennt und die nur durch genaue Kenntnisse überwunden werden kann. Trotzdem nimmt die feministische Theologie ihren Ausgangspunkt gleichermaßen beim Text und bei der Realität. Außerdem will sie den Text ganzheitlich angehen und ihn mit dem ganzen Menschen, dem Herzen, dem Körper, der Seele und den Gedanken lesen (spricht Gott nicht in erster Linie das Herz an?). So steht sie der akademischen Lektüre, die dem intellektuellen Zugang zum Text den Vorrang gibt, mißtrauisch gegenüber. Läuft eine solche ‹neutrale› und ‹objektive› Lektüre (ist sie es wirklich?) nicht Gefahr, in das auszuarten, was Dorothee Sölle «verkopfte Theologie» nennt? So setzt sich feministische Theologie zur Aufgabe, wissenschaftliche Erkenntnisse mit einem ganzheitlichen Zugang zum Text zu vereinbaren, und Denken und Handeln nicht voneinander zu trennen.

Rolf Kaufmann: Die einzelnen Schritte dieser Auslegung sind für mich sehr klar und logisch zwingend dargelegt. Keine Fragen? Nur diese eine, grundsätzliche: «Wie kann diese alte Geschichte heute in unserem Alltag noch etwas bewirken?» Dies ist eine Anfrage an unsere Phantasie, an unsere schöpferischen Fähigkeiten, an unsere Kreativität, ohne die die historisch-kritische Auslegung bloß ‹l'art pour l'art›, also letztlich wertlos bleibt.

Ernst Lerle: Ist die Bibel nicht das für uns geschriebene Wort Gottes? Gilt für Mk 6,30–44 nicht auch, was in Joh 20,31 gesagt ist: «Dieses ist geschrieben, damit ihr glaubt, daß Jesus der Christus ist, der Sohn

Gottes, und damit ihr das Leben in seinem Namen habt?» – Arbeitet die historisch-kritische Theologie so selbstkritisch, daß sie auch ihre eigenen Lehrmeinungen auf historische Tragfähigkeit hin überprüft? Beispiel: Das einwandfrei bezeugte Herrenwort Mk 8,18b–21 unterscheidet eindeutig zwischen der Speisung der Fünftausend (Mk 6,30–44) und der Speisung der Viertausend (mk 8,1–9). Mit welcher Begründung annuliert die historisch-kritische Theologie dieses Herrenwort und interpretiert die beiden Berichte als zwei Versionen, nicht aber als Berichte über zwei verschiedene Ereignisse?

Ulrich Luz: Mir scheint hier historisch-kritische Exegese an einem Punkt zu harmlos dargestellt. Er betrifft den methodischen Atheismus der historisch-kritischen Methode. Sie kann im Bereich der Geschichte zwar vielleicht wunderbare Speisungen feststellen (mit Hilfe von Analogien, die sie bisher nicht ernst genommen hat). Aber etwas kann sie bestimmt mit ihren Methoden nie feststellen, nämlich Handeln Gottes in der Geschichte. Sie kann immer nur festhalten, was Menschen von Gott geredet, gedacht und geglaubt haben und daß Menschen bestimmte geschichtliche Begebenheiten als Handeln Gottes verstanden. Insofern ist sie prinzipiell atheistisch und steht in einer Spannung zu den biblischen Texten. Wie geht sie damit um?

Ernst Lerle

Bibeltreue

Ein fundamentalistischer Zugang zur Bibel

Der Zugangsweg, der methodische Zugang zur Auslegung, ergibt sich aus einem überzeugungsmäßig bezogenen Standort. Dieser Standort bestimmt die Blickrichtung und beeinflußt die Sicht sowie Einzelheiten der Betrachtung. Das bedeutet: Der Zugang zur Auslegung einer Bibelstelle und die theologische Sicht ergeben sich aus dem persönlichen glaubensmäßigen Standort des jeweiligen Auslegers. Die Aufgabe des vorliegenden Beitrags ist es, den Zugangsweg zur Bibel am Beispiel des Textes Mk 6,30–44 aus der Sicht des Fundamentalismus zu zeichnen.

I. Zum fundamentalistischen Bibelverständnis

Was ist Fundamentalismus?
Im modernen Sprachgebrauch bezeichnet man als Fundamentalisten Theologen oder Ideologen mit betonten moslemischen oder ökologischen Grundsätzen. Was im Bereich christlicher Theologie weithin unter Fundamentalismus verstanden wird, ist in einem bekannten Nachschlagewerk[1] wie folgt umschrieben: «Wissenschaftsfeindliche, starr an der Verbalinspiration der Bibel festhaltende innerkirchliche Bewegung des amerikanischen Protestantismus (etwa seit 1875)». In einem anderen Lexikon[2] kann man dazu lesen: «Im einzelnen handelt es sich keineswegs um Auffassungen von monolithischer Einheitlichkeit.» Tatsäch-

---

1 *Meyers Enzyklopädisches Lexikon Bd. 30* (= das große Wörterbuch der deutschen Sprache 1), Mannheim 1979, S. 917.
2 *Theologisches Lexikon*, Berlin (Ost) 1981, S. 196.

lich ist das, was man im theologischen und im außertheologischen Bereich als Fundamentalismus bezeichnet, kein einheitliches, kein monolithisches Gedankengut, das von einer abgegrenzten Personengruppe vertreten wird.

Mein eigener Standort für die Betrachtung solcher Bibelstellen wie des behandelten Textes Mk 6,30–44, mein erkenntnismäßiger Zugang zum Verstehen biblischer Texte, das Fundament meiner theologischen Erkenntnis ist die *glaubensmäßige Bindung an Jesus Christus*. Doch das ist weder wissenschaftsfeindlich, noch ist diese Haltung in Amerika um 1875 entstanden. Schon im Neuen Testament wird als Basis für theologische Erkenntnis genannt: «Ein anderes Fundament kann niemand legen gegen das, das gelegt ist, welches ist Jesus Christus» (1 Kor 3,11). Auf diesem und auf keinem anderen Fundament, von diesem und von keinem anderen Standort aus versuche ich, die Methodik für das Verstehen der Heiligen Schrift zu entfalten und den Zugang zum Verstehen und Auslegen der Bibel zu finden.

Der Standort des Glaubens
Wie man beispielsweise eine Burg von unterschiedlichen Standorten aus betrachten, skizzieren, zeichnen, malen oder photographieren kann, so wird auch ein Bibeltext von verschiedenen theologischen, ideologischen und philosophischen Positionen aus betrachtet, verstanden und erklärt. Bei einer wirklichkeitstreuen Abbildung einer Burg ist es sogar möglich, mit wissenschaftlicher Genauigkeit festzustellen, von welchem Standort aus das jeweilige Bild entstanden ist. Ein Bild, das nicht von einem bestimmten Punkt aus gesehen, gezeichnet oder photographiert worden wäre, gibt es nicht. Gleiches gilt auch von der Betrachtung biblischer Texte.

An der jeweiligen Auslegung ist die Abhängigkeit von dem Ausgangspunkt der Betrachtung, von ideologischen, glaubensmäßigen und philosophischen Positionen und von überzeugungsmäßig bezogenen Standorten nachweisbar.

Der eine mögliche Standort eines Theologen bei seiner Auslegung biblischer Texte ist der Glaube an Jesus Christus. Wenn sich dieser Glaube in allen Bereichen des menschlichen Ich auswirkt, wenn er sowohl Gefühl und Handeln als auch das Denken beeinflußt, wird er in angemessenen Lehrmeinungen und formulierten Bekenntnissen greifbar. Am besten bewährt als formuliertes Glaubenszeugnis hat sich seit mehr als anderthalb Jahrtausenden das Apostolikum. Die drei Artikel dieses Bekenntnisses fixieren den Standort christlichen Glaubens. Von hier aus ergibt sich ein Zugang zum Verstehen und Auslegen biblischer Texte nach folgenden Grundsätzen:

1. Wir trauen Gott zu, daß er auch anders handeln kann als die Menschen, die den Naturgesetzen unterworfen sind.
2. Der Glaube an den Messias Jesus Christus erkennt in dem messianischen Handeln eine Vollmacht, die alle menschlichen Dimensionen überragt.
3. Der Glaube an den Heiligen Geist gibt Zugang zum Verstehen einer Wirklichkeit, die von Gott und aus seinem Reich in diese Welt einbricht und das Gottesvolk begnadet.

Andere Zugangswege zum Verstehen und Auslegen biblischer Texte ergeben sich von den Standorten anderer ideologischer und philosophischer Positionen, aus anderen ideologischen Bindungen und aus anderen überzeugungsmäßigen Voraussetzungen. Die Auslegung der Bibel wird in ein Gedankensystem mit folgenden Leitlinien eingebunden:

1. Gottes Handeln ist nur im Rahmen der Naturgesetze möglich.
2. Der historische Jesus hatte keine anderen Möglichkeiten zu helfen und zu handeln als andere Menschen.
3. Heiliger Geist, Wort Gottes und christlicher Glaube sind nichts anderes als Produkte des menschlichen Geistes.

Versuche, von einem philosophischen oder ideologischen Standort aus den Inhalt biblischer Botschaft wahrzunehmen und zu verstehen, sind nur Vorstufen des Umgangs mit der Bibel. In diesem Sinne hat sich auch der Kirchenvater Augustin mit der Heiligen Schrift befaßt, ehe er von der biblischen Aussage in Röm 13,13 wie von einem Strahl getroffen wurde.

Der Kanon der Bibel
Der grundlegende Unterschied zwischen den heiligen Schriften, die jetzt Bestandteile der Bibel sind, und anderen Büchern kam zum ersten Mal im Jahre 167 vor Christus zum Tragen. Damals hatte der heidnische König Antiochus Epiphanes angeordnet, daß jedermann, bei dem ein heiliges Buch des Gottesvolkes gefunden wurde, hingerichtet werden sollte; die gefundenen Schriften wurden beschlagnahmt und verbrannt.[3] Damals gab es noch keine Verzeichnisse oder Register der heiligen Bücher, aber sowohl die Behörden als auch die Opfer der Verfolgung wußten, um welche Schriften es ging. Gesucht und vernichtet, aber auch versteckt, bewahrt und gelesen wurden die Bücher, aus denen Kraft zum geistlichen Widerstand gegen die Umerziehung zum Heidentum floß.

Für die Teile des Neuen Testaments hat Kaiser Diokletian im Jahre 303 eine ähnliche Verfügung erlassen wie Antiochus Epiphanes im Jahre 167 v. Chr. für die Schriften des Alten Testaments. Diese beiden heidnischen Herrscher hatten sehr zutreffend erkannt, daß gläubige Glieder des Gottesvolkes die Richtlinien für ihr Handeln den heiligen Büchern entnehmen. Richtlinien und Regeln für das menschliche Handeln, Grundsätze für Entscheidungen, wie sie in der Bibel gegeben werden, heißen im griechischen Sprachgebrauch des neutestamentlichen Zeitalters ‹Kanon›. Auch der Apostel Paulus nennt den Inhalt von Weisungen ‹Kanon› (Gal 6,16). Später bürgert sich im griechischen Sprachgebrauch eine andere Bedeutung des Wortes Kanon ein, nämlich ‹Verzeichnis›, ‹Register›, ‹Katalog›. Solche Register haben für das Alte Testament zuerst Rabbinen und für das Neue Testament Theologen angefertigt. Doch nicht durch die Aufnahme in ein Register erhalten biblische Bücher Weg weisende Kraft und werden zum Wort Gottes. Der Prophet Amos beispielsweise verkündigt immer wieder: «So spricht der Herr». Das bedeutet: Seine Worte sind vom ersten Tage an Wort

---

3 So berichtet der Historiker Josephus Flavius in seinem Werk: *Jüdische Altertümer* (Antiquitates XII, 5,4 § 256).

Gottes und haben somit von Anfang an kanonischen Rang und Weg weisende Gültigkeit. Zu Recht haben deshalb die Rabbinen später, wohl erst nach mehr als 800 Jahren, sein Buch in ihre Register prophetischer Bücher aufgenommen.

Ein ganz anderes Verständnis des Kanons hatte ein Theologe des zweiten Jahrhunderts, Marcion. Mit einer Willenserklärung wollte er bestimmen, welche Schriften kanonisch und Weg weisend sein sollten: Marcion wählte aus der urchristlichen Überlieferung diejenigen Schriften aus, die ihm theologisch nahestanden, und schuf sich so seinen eigenen neutestamentlichen Kanon. Dieser Denkweise Marcions hat zu Beginn unseres Jahrhunderts der Berliner Theologe Adolf von Harnack Gehör verschafft. Danach soll die Weg weisende Kraft und Vollmacht biblischer Bücher durch kirchliche Willenserklärungen nach dem Vorbild Marcions geschaffen worden sein. Wäre das so gewesen, so hätten die biblischen Bücher ihren kanonischen Rang durch die Aufnahme in ein Register erhalten. Da in der griechischen Sprache sowohl ‹gültige Weisungen› als auch ‹Register› mit der gleichen Vokabel ‹Kanon› bezeichnet werden, begegnet man immer wieder der Behauptung, Rabbinen und Männer der Kirche hätten mit der Anfertigung von Registern den Kanon geschaffen und durch ihre Beschlüsse menschliche Bücher zum Wort Gottes erhoben. Der Apostel Paulus lehrt etwas ganz anderes. An die Galater (1,1) schreibt er, daß er seine Weg weisende apostolische Vollmacht von Jesus Christus empfangen habe und von Gott dem Vater, der Jesus von den Toten auferweckt hat. An die Korinther (1 Kor 14,37) schreibt er: «Wer da meint, Prophet zu sein oder geistlich, der erkenne, daß es die Weisung des Herrn ist, was ich euch schreibe.» Wenn es den lebendigen Gott nicht gäbe, der durch die Propheten geredet hat, wenn es keinen auferstandenen Christus und keinen Heiligen Geist gäbe, dann käme die den Weg weisende Vollmacht der Bibel von Rabbinen, Kirchenvätern und Synoden, die Register der heiligen Schriften angefertigt haben.

Zur Bibel gelangen Menschen auf verschiedenen Zugangswegen, und die Bibel zeigt eine Vielfalt von Zugangswegen zu dem Glauben an Christus. Bei dem Hofbeamten aus Äthiopien (Apg

8,26–40) waren Stationen auf diesem Wege: eine Reise nach Jerusalem, Erwerb einer biblischen Handschrift und Empfang der christlichen Verkündigung. Eine Station auf dem Wege eines hingerichteten Sträflings war der Strafvollzug in unmittelbarer Nähe des gekreuzigten Christus (Lk 23,42f). Eine Station auf dem Wege zum Glauben an Jesus Christus war für 5000 Männer und für viele Frauen ihre wunderbare Speisung.

II. Der Text: Mk 6,30–44

Das Ereignis
Die Situation, in die der Bericht über die Speisung eingefügt ist, zeigt eine sehr hohe Bereitschaft, die Predigt Jesu zu hören. Große Menschenmassen laufen an dem Ort zusammen, von dem sie vermuten, daß dort das Boot mit Jesus anlegen wird. Die Menschen sind so beeindruckt, daß sie nicht einmal ihren Hunger wahrnehmen. Sie bitten nicht um Speise; es geht ihnen nur darum, in der Nähe Jesu zu sein. Sogar für die Jünger kommt das Speisungswunder überraschend. Die Brotgabe wird wie eine übliche Sättigungsmahlzeit eingeleitet. Der Ausbruch aus den Naturgesetzen erfolgt nicht durch eine Handlung oder durch Worte, in denen die Vollmacht des Messias hörbar und sichtbar zum Ausdruck gebracht worden wäre, wie das von einigen Heilungswundern berichtet wird. Bei der Speisung der Fünftausend bleibt der Unterschied zwischen alltäglicher Nahrungsaufnahme und dem Wunder unbetont. Jedes Nahrungsmittel ist doch eine Gabe Gottes, für die gedankt wird. Aber in bestimmten Situationen, an markanten Punkten des Heilsgeschehens, durchbricht Gott bei der Brotgabe innerweltliche Sachzwänge.

Der Verkündigungsgehalt
Der Speisung ging nach dem biblischen Bericht eine lange Predigt Jesu voraus. Bestimmte Inhalte der Wortverkündigung in jener Situation sind im Text (V.34) nicht genannt. Doch ist es sinnvoll, nach Motiven und Bestandteilen der Predigt Jesu zu suchen, die

durch die Speisung der Fünftausend zeichenhaft verdeutlicht worden sind.

Zunächst kommt hier ein Grundzug der Verkündigung Jesu zum Tragen, nämlich die Botschaft von der Güte Gottes, der sogar die Vögel unter dem Himmel speist. «Trachtet am ersten nach dem Reich Gottes und nach seiner Gerechtigkeit, so wird euch solches alles (d. h. die Speise) zufallen» (Mt 6,33), so hat Jesus gepredigt, und Tausende von Zuhörern sind dieser Verkündigung mit solcher Hingabe gefolgt, daß sie vergaßen, sich um eine Mahlzeit zu kümmern. Und dann haben sie etwas erfahren, was Jesus nicht mit Worten gesagt, sondern durch das Speisungswunder gezeigt hat: Gott kann die Zusage seines Messias auch dann erfüllen, wenn es dabei unumgänglich ist, innerweltliche Sachzwänge zu durchbrechen.

Die fünftausend Zeugen der Predigt Jesu und des Wunders haben ihren Messias gefunden. Doch mitgebrachte zeitgebundene Vorstellungen und Erwartungen mußten erst gründlich korrigiert werden, ehe daraus der Glaube an Christus wurde, wie ihn Jesus gepredigt hat. Das vorgegebene Klischee eines politischen Befreiers hat Jesus systematisch abgebaut. Mit der Speisung der Fünftausend zeigt der Messias, worin seine Überlegenheit und sein Unterschied zu Politikern und Heerführern besteht: Er kann sogar naturhaft gegebene Sachzwänge durchbrechen. Beim Speisungswunder erläßt Jesus kein Verkündigungsverbot und auch kein zeitlich begrenztes Verbot, darüber zu reden. Sofort und rasch durften und sollten Tausende von Zeugen die Nachricht über die Speisung in die breite Öffentlichkeit tragen.

Die Speisung der Fünftausend hat im Gesamtaufbau der Verkündigung Jesu vom Reich Gottes und vom Messias folgenden Stellenwert: Vorstellungen über einen politischen Messias, wie sie damals landläufig waren, wurden korrigiert. Immer deutlicher trat in den Worten und in den Taten Jesu die Botschaft von dem Messias hervor, der nicht nur Davids Sohn ist, sondern auch Davids Herr (Mk 12,35ff).

Die Verkündigung Jesu enthält nicht nur Belehrungen. Sie umfaßt auch direkte Anreden und Zusagen, Forderungen und

Aufforderungen, Zuspruch und Mahnung, Trost und Verheißung. Der ganze große Reichtum der Botschaft Jesu ist an einer Stelle des Markusevangeliums (1,15) in der Formel zusammengefaßt: «Die Zeit ist erfüllt, und die Königsherrschaft Gottes ist nahe. Ändert euren Sinn und glaubet dem Evangelium.» Für Sinnesänderung kann man auch Umkehr, Erneuerung des Sinnes (Röm 12,2), Bekehrung sagen oder einen der vielen anderen Ausdrücke benutzen. Es geht um den entscheidenden Schritt im Zugang zu Jesus und um ein Ereignis mit weitreichenden Folgen.

III. Glaubenstreue und heutige «Anwendungsmöglichkeiten»

Was für Folgen für das spätere Verhalten der Betroffenen, was für heutige Anwendungen sich aus der wunderbaren Speisung ergeben und ob dieses Ereignis das Verhalten der Beteiligten und der Zeugen nachträglich beeinflußt hat, wird im Text nicht gesagt. Dies ist umso erstaunlicher, als ja in der jüdischen Umwelt Jesu die Frömmigkeit weithin darin bestand, das Verhalten im Alltagsleben nach 613 biblischen Vorschriften auszurichten. Doch Jesus und die Apostel nehmen Anwendungen nur selten in den Inhalt ihrer Verkündigung auf. Das Gleichnis vom barmherzigen Samariter beispielsweise schließt mit der kurzen Aufforderung (Lk 10,37): «Gehe hin und tue desgleichen!» Doch das ist allgemein gefaßt, und es bleibt den Hörern überlassen, wo, wann und in welcher Weise sie dieser Mahnung in ihrer Lebenswirklichkeit nachkommen. In einer bestimmten Situation jedoch hat ein Betroffener nach einer Begegnung mit Jesus selbst Verhaltensregeln für seinen neuen Lebensstil formuliert, der Zöllner Zachäus nämlich, der erkannte (Lk 19,8), was er anders tun sollte, als er es bisher getan hatte. Den neuen Zustand dieses Mannes bezeichnet Jesus (V. 9) so: «Ihm ist Heil widerfahren.» Hier wird aus der Sicht von oben – wie in einem Film aus der Vogelperspektive – ein Wandel angesprochen, der aus der Sicht von unten (im Film: Froschperspektive) Umkehr oder Bekehrung heißt.

Die Brotgabe an mehr als fünftausend Menschen hat sicherlich bei den Empfängern etwas bewirkt. Vielleicht haben auch einzelne Details, einige Einzelheiten der Brotgabe, als Leit- und Vorbilder gewirkt. Doch in der Gesamtheit der Lehre und der Taten Jesu war der Stellenwert der Speisung der, daß bei den Hörern der Glaube angeregt, geschaffen, ausgeformt worden ist.

Glaube
Im christlichen Sprachgebrauch bezeichnet das Wort ‹Glaube› vor allem den Glauben an Christus. Das bedeutet zunächst Vertrauen und persönliche Bindung. Doch zum Glauben gehören auch Glaubensaussagen und Formulierungen. Diese haben nicht nur das persönliche Bekenntnis zu Jesus Christus zum Inhalt, sondern sie beziehen sich auf eine ganze Glaubenslehre. Hieraus ergeben sich seit der Zeit der Alten Kirche tiefgreifende Nöte. Zunächst ging es um zwei entgegengesetzte Formeln (1 Kor 12,3): «Jesus der Herr» oder «Verflucht sei Jesus». Die eine Formel war Ausdruck des Glaubens, die andere Ausdruck des Unglaubens. Doch als nach Jahrhunderten ein Streit aufkam, ob Christus gleichen oder ähnlichen Wesens mit Gott sei, lag der Unterschied in den jeweiligen Formeln nur in einem einzigen griechischen Buchstaben. Beide streitenden Parteien meinten, ihre Formel sei der zutreffende Ausdruck des christlichen Glaubens. Schließlich hat die Alte Kirche nach langen und notvollen Auseinandersetzungen die Formulierung «gleichen Wesens» als bibelgemäße Ausformung des christlichen Glaubens anerkannt. In der Gegenwart gibt es für jede einzelne umstrittene Aussage in Glaubenslehre und Theologie folgende Möglichkeiten: Eine Aussage kann eine zutreffende Formulierung sein, die den in den Tiefen der Persönlichkeit verwurzelten christlichen Glauben im Bereich der Erkenntnis zutreffend zum Ausdruck bringt. Eine Einzelformulierung kann aber auch auf der Oberfläche des sprachlichen Ausdrucks eine fehlerhafte Ausformung des christlichen Glaubens sein. Als Nachweis theologischer Richtigkeit gilt der Schriftbeweis. Doch dieses Mittel der Beweisführung ist umstritten, seitdem der Wahrheitsbegriff durch philosophische Einflüsse unscharf geworden ist.

Wahrheit
Die biblische Verkündigung erhebt den Anspruch auf Wahrheit. Jesus Christus leitet viele seiner Sprüche mit dem Wort «wahrlich» (= Amen) ein. Im Wahrheitsbegriff im Sinne des Alten wie des Neuen Testaments liegen nicht nur Zuverlässigkeit, Treffsicherheit, Festigkeit, Verbindlichkeit, Gültigkeit, Wahrhaftigkeit und Treue, sondern auch die volle Übereinstimmung mit der Wirklichkeit. Was mit der Wirklichkeit nicht voll übereinstimmt, kann nicht wahr sein. Die Abtrennung einer vermeintlichen Wahrheit von tatsächlichem Geschehen ist in der Bibel nicht zu finden. Sie ist erst in der abendländischen Philosophie der letzten zweihundert Jahre nachweisbar. Nach neueren philosophischen und ideologischen Meinungen sollen Inhalte, die als wahr oder als Wahrheit bezeichnet werden, von Menschen geschaffen sein. Als wahr gilt das, was nur dem eigenen Ich, nicht aber der vorgegebenen Wirklichkeit außerhalb des Ich voll und ganz entspricht. Doch solche Theorien wären nur dann richtig, wenn es keinen Gott gäbe, der nicht nur das Evangelium, sondern auch die ganze geistige Wirklichkeit geschaffen hat, die der Mensch nicht selbst produzieren, sondern bestenfalls erkennen kann. Ein theologischer Fundamentalismus widersetzt sich entschieden allen Versuchen, aus dem vollen Wahrheitsgehalt biblischer Aussagen und Berichte die Übereinstimmung mit den Tatsachen zu eliminieren, so daß für die Verkündigung biblischer Inhalte bestenfalls Gedankengebäude, vielleicht aber auch nur nachgesprochene Formeln übrigbleiben. Werden nicht Heilstatsachen, die für das Christsein von entscheidender Bedeutung sind, zerstört, wenn man den biblischen Berichten die geschichtliche Grundlage zu entziehen versucht?

Treue
Im Widerstand des Fundamentalismus gegen alle Abstriche am vollen Wahrheitsgehalt biblischer Inhalte und Berichte sehen Andersdenkende häufig Ängstlichkeit, Verständnislosigkeit oder Unfähigkeit zum ausgleichenden Gespräch. Doch nach eigenem Selbstverständnis ist das Ausdruck von Treue in persönlicher

Verantwortung vor Gott. Nach Mt 25,21.23 und 1 Kor 4,2 fordert Gott von seinen Mitarbeitern nicht vermeintliche Erfolge, sondern vor allem Treue.

Nach dem Bild des Apostels Paulus (1.Kor 3,11–16) vom Bau des geistlichen Tempels ist als Baustoff Gold gerade noch gut genug. Auf kirchliche Arbeit übertragen, bedeutet das: Für Gemeindeaufbau und Verkündigung sollen ausschließlich zeitlos wertbeständige Baustoffe verwendet werden, nicht aber Stroh, das eine ähnliche Farbe wie Gold hat, aber rasch verfault. Ohne Bild ausgedrückt, bedeutet das: Sorgfältig und kritisch wird das Gedankengut geprüft, das auf verschiedenen Zugangswegen zur Bibel in der Umwelt aufgesammelt worden ist und das in den Gemeindeaufbau und in die Verkündigung eingebracht werden soll. Das gilt auch für die Predigtvorbereitung und für die Auslegung solcher Texte wie Mk 6,30–44. Für diese Haltung paßt der Ausdruck ‹Bibeltreue› besser als das Fremdwort ‹Fundamentalismus›, das mit nichtchristlichen Inhalten belastet ist.

Verstehen und Interpretieren
Bei einem bibeltreuen Zugang ist der Leser bemüht, das Wort der Heiligen Schrift, die biblische Verkündigung, auf sich wirken zu lassen, zu verstehen und aufzunehmen. Wer einen Text verstanden hat, kann den Inhalt auch anderen erklären. Ein Erklären ohne vorangegangenes Verstehen führt zwangsläufig zu Fehlleistungen. Dann stehen am Anfang theologischer Erkenntnis Theorien über Gott, die nicht der Bibel entnommen sind, sowie politische und gesellschaftliche Ideologien. Diese werden in biblische Texte hineingedeutet. Im historisch-kritischen Bereich nennt man das zuweilen ‹interpretieren› oder ‹erklären›. Die Zustimmung zu solchem Interpretieren, zu solcher sinnverändernden Auslegung, wird häufig als ‹Verstehen› bezeichnet. Doch das ist etwas anderes als ein Verstehen biblischer Texte ohne Fremdeinflüsse, wie es der bibeltreue Zugangsweg zur Heiligen Schrift will.

.

Anweisungen zum Handeln
Aus der Annahme des christlichen Glaubens ergeben sich Verhaltensweisen wie beispielsweise Fürsorge und Hilfsbereitschaft. Für das Verstehen eines einzelnen neutestamentlichen Berichts ist die Frage wichtig: Welche Bedeutung hat ein einzelnes in der Bibel geschildertes Ereignis als Beitrag für den Aufbau und für die Ausformung christlichen Verhaltens? Der voll ausgeprägte christliche Glaube formt den ganzen Menschen mitsamt seinen Leitbildern, Verhaltensmustern, Gepflogenheiten und Ansichten grundlegend um. Wer den christlichen Glauben so versteht, wird zurückhaltend sein, wenn er nach kurzschlüssiger Anwendung von Einzelheiten aus einem biblischen Bericht für die Verwirklichung christlicher Lebensformen gefragt wird.

‹Komplementarität› verschiedener Zugangswege zur Bibel?
Können sich verschiedene Auslegungsmethoden und vor allem verschiedene Applikationen gegenseitig ergänzen? Können sie ‹komplementär› sein? Wenn eine Antwort auf diese Frage bibeltreu sein soll, darf sie nicht auf das Argument ‹aber meiner Meinung nach› zurückgreifen. Sie darf aber auch nicht auf theologische Meinungsstatistik ausweichen. Die Bibel selbst bietet selten formulierte Antworten auf aktuelle Fragen, erklärt aber theologische Sachverhalte mit Hilfe von veranschaulichenden Bildern und Gleichnissen. Es ist sinnvoll, eines dieser Bilder zum Verständnis unserer Problematik heranzuziehen.

Der Apostel Paulus bezeichnet die Mitarbeiter in der Kirche einschließlich der Theologen als Mitarbeiter Gottes (1 Kor 3,9) und vergleicht ihren Dienst mit der Bewässerung eines Gartens (1 Kor 3,6f). Diese Bewässerung ist darauf angelegt, ein Wachstum anzuregen, das in seiner Endphase Hunderte von Früchten hervorbringt. Durch Defekte bei der Bewässerung fließt ein Teil des Wassers auf den Zugangsweg. Es kann dort Unkraut und Nutzpflanzen zum Wachsen anregen und sogar Blüten treiben. Doch aus der Sicht des Gärtners sind solche Pflanzen und solche Blüten auf den Zugangswegen keine komplementäre Ergänzung zu dem Wachstum in dem Garten, für den der Gärtner die

Bewässerung eingerichtet hat. Ohne bildhafte Einkleidung bedeutet das: Das Ziel der Verkündigung mit den dazugehörenden Machterweisen Jesu ist es, den christlichen Glauben anzuregen und aufzubauen. Dieser Glaube verändert den Menschen in seinem Innern und bringt Hunderte von Applikationen, von Erweisen eines angewandten Christseins, hervor. Solche Applikationen nennt der Apostel Paulus Früchte (Gal 5,22). Einige dieser Früchte können sogar den Früchten ähnlich sein, die aus anderem Samen als aus dem des Glaubens erwachsen. Doch das ist keine Ergänzung, keine Komplementarität.

Für das Verhältnis verschiedenartiger Auslegungen der Heiligen Schrift hat das Neue Testament ein anderes Modell bereit. Die Gemeinde in Beröa (Apg 17,11) war mit einem theologischen Streit über die Auslegung des Alten Testaments konfrontiert. Sie wird in der Apostelgeschichte gelobt, weil sie sorgfältig und zeitaufwendig geprüft hat, welche von den einander ausschließenden Lehrmeinungen, die damals zur Diskussion standen, bibeltreu ist und somit dem Glauben des Gottesvolkes die schriftgemäße Ausformung gibt. Als Fremdwort für diese Haltung ist das Wort ‹Option› wohl geeigneter als das Wort ‹Komplementarität›. Eine Option zwischen verschiedenen Möglichkeiten, eine Wahl mit vorhergehender Qualitätsprüfung zwischen verschiedenen theologischen Angeboten hat der Apostel Paulus wohl im Auge gehabt, als er an die Thessalonicher (1 Thess 5,21) schrieb: «Prüfet alles, das Gute behaltet.»

Glaubensloser Zugang?
Was für einen Wert hat eine Auslegung der Bibel, die glaubenslos sein will? Gibt es in Fragen nach Gott, nach Christus und nach dem Heiligen Geist Erkenntnisse, die so zwingend sind, daß sie auch von Atheisten anerkannt werden müssen? Der Apostel Paulus geht in einer ganzen Kette von Aussagen auf diese Fragen ein und lehrt wie folgt: Theologische Erkenntnis ist nicht Produkt menschlicher Leistung, sondern Empfang und Annahme. Sie nimmt auf, was von Gott auf uns zukommt (Gal 4,9). Diese Annahme und Aufnahme ist Glaube (Gal 3,23.25). Glaubenslose

theologische Zugangswege sowie alle theologischen Inhalte, die nicht aus dem Glauben kommen, sind Sünde (Röm 14,23). Zudem wird mit der Ablehnung des Evangeliums die Erkenntnisfähigkeit in der gleichen Weise gestört, wie das Auge geblendet ist, wenn es ungeschützt in die Sonne blickt (2 Kor 4,4). Deshalb führt glaubenslose theologische Arbeit zwangsläufig zu groben Fehlleistungen (1 Kor 2,14).

Wenn man diese Grundsätze theologischer Erkenntnis als gültiges Urteil über das eigene Theologisieren annimmt, ist folgende Einsicht zwingend: Urteile und Meinungen über Gott, über Jesus Christus und über Einbrüche aus dem Reich Gottes in unsere Wirklichkeit, die dann richtig wären, wenn es keinen Gott, keinen Christus und keinen Heiligen Geist gäbe, erweisen sich als falsch, wenn der Mensch Gottes Forderung und Zuspruch wahrnimmt, aufnimmt und annimmt; das heißt: wenn er zum Glauben kommt. Dann ist auch eine Bibelauslegung nicht möglich, vor der das Vorzeichen der Glaubenslosigkeit steht wie das Minuszeichen vor einer mathematischen Formel. Die Bibel ist der Zugangsweg zu Christus, und der Speisungsbericht hat seinen Stellenwert auf dem Weg zum voll ausgeformten christlichen Glauben. Dieser wiederum ist Ausgangspunkt für einen neuen Zugang zur Bibel.

Kritiker behaupten, bibeltreue Schriftbetrachtung drehe sich im Kreis. In Wirklichkeit dreht sie sich schraubenförmig immer tiefer in das Verstehen biblischer Texte.

Lektürevorschlag zum fundamentalistischen Zugangsweg[4]
Biblische Texte; Arbeit mit der Bibel.

---

[4] Anmerkungen des Herausgebers: Der Autor hat mit voller Absicht auf einen anderen Lektürevorschlag als die Bibel verzichtet und damit einen wichtigen sachlichen Hinweis geben wollen. Wenn ich – im Interesse der LeserInnen – trotzdem einen zusätzlichen Lektürehinweis geben darf, so möchte ich nennen: A. Sierszyn, *Die Bibel im Griff? Historisch-kritische Denkweise und biblische Theologie,* Wuppertal 1978.

Kritische Anfragen an E. Lerle

Wolfgang Bittner: Wird nach der fundamentalistischen Auslegung erst durch den Glauben wahrnehmbar, daß in den geschichtlichen Vorgängen, die die Bibel als Handeln Gottes bezeugt, wirklich Gott selbst am Werk ist? Ohne Glauben erkenne ich zwar besondere Vorgänge, deren Ursprung mir rätselhaft bleibt, und kann vielleicht ahnen, nicht aber wahrnehmen und erkennen, daß hier wirklich Gott am Werk ist. Wie aber komme ich zu diesem Glauben, wenn ich ohnehin Gott in seinem Handeln gar nicht wahrnehmen kann? Bleibt der Grund des Glaubens unausweisbar bzw. nur dem Glauben selbst einsehbar?

Denise Jornod: Mir gefällt, daß Sie sich grundsätzlich darum bemühen, Jesus Christus und der Bibel treu zu sein. Jedoch frage ich mich: Welches Gottesbild vermitteln Sie uns, wenn Sie zu allererst und fast ausschließlich die historische Tatsächlichkeit der Brotvermehrung verteidigen? Erscheint Gott als übermächtiger Zauberer? Dabei trat doch Jesus selber oft gegen eine solche Einschätzung auf und zeigte sich als derjenige, der sein Leben in völliger, demütiger Liebe dahingab. Was die Bibel betrifft: Besteht die Wahrheit eines Textes darin, daß er in jeder Einzelheit der historischen Wahrheit entspricht, oder darin, daß er die Unterjochten aufrichtet und noch heute lebenspendend wirkt?

Rolf Kaufmann: Für mich ist dieser Beitrag reichlich kopflastig geraten. Ich fühlte mich nicht als ganzer Mensch angesprochen, sondern vorwiegend bloß im Intellekt. Es heißt zwar ganz kurz (S. 47): «Glauben an Christus bedeutet zunächst Vertrauen und persönliche Bindung.» Sogleich aber folgt die ausführliche Fortsetzung: «Doch zum Glauben gehören auch Glaubensaussagen; ... diese beziehen sich auf eine ganze Glaubenslehre.» Erst beides zusammen ergibt den «vollen Wahrheitsgehalt biblischer Aussagen» (S. 48). Die «Bibeltreue» hängt daran, daß der Gläubige alles wörtlich so glaubt, wie es da steht. Leider kann ich damit als ein Mensch, der sich an der Schwelle zum dritten Jahrtausend weiß, nicht viel anfangen. Für meinen Glauben ist nur der erste Teil (Vertrauen und persönliche Bindung, der Glaubensakt als solcher), nicht aber der zweite verbindlich.

Kuno Füssel: Wurzeln die Probleme des fundamentalistischen Ansatzes mit anderen Zugangsweisen zur Bibel nicht mehr im aktuellen gesellschaftlichen Kontext als in der biblischen Botschaft? Geht es dem fundamentalistischen Ansatz nicht eher um die Gewißheit und Unerschütterlichkeit des eigenen Glaubens als um die weltverändernde Wahrheit der Schrift? Vertraut er wirklich der Maxime: «Die Wahrheit wird euch frei machen» (Joh 8,32)?

Ulrich Luz: Warum macht eigentlich fundamentalistische Exegese den Gehorsam gegenüber den biblischen Texten vor allem daran fest, daß man glaubt, daß Gott Naturgesetze durchbrechen kann? Das war das Problem der Aufklärungszeit, aber nicht das Problem der Bibel selbst. Ich denke, für die Bibel bedeute ‹Wunder› vor allem: Durchbruch durch den Teufelskreis menschlichen Elends und menschlicher Krankheit, Überwindung des ‹Gesetzes› des Bösen oder der Logik der Angst und der Schuld. Ob das mit oder gegen die Naturgesetze, so, wie sie damals oder heute bekannt waren, geschah, ist m. E. in der Bibel selbst eine sekundäre Frage. Stellt der Fundamentalismus die Glaubensfrage am richtigen Ort?

Daniel Marguerat: Die fundamentalistische Lektüre verteidigt die altprotestantische Überzeugung von der Autorität der Bibel auf eine übertriebene und unnachgiebige Art. Sie hält sich selber für die einzige «bibeltreue» Lektüre. Aber was heißt: «bibeltreu»? – Ich glaube auch, daß die Bibel die Wahrheit sagt. Aber verwechselt der Fundamentalismus nicht theologische Wahrheit mit historischer Zuverlässigkeit? Verwechselt er nicht theologische Wahrheit mit dem altertümlichen Weltbild der biblischen Autoren? – Ich glaube auch, daß die Bibel Gottes Wort wiedergibt. Besteht jedoch Treue gegenüber dem biblischen Wort nicht auch darin, daß wir seinen historischen und menschlichen Charakter anerkennen? – Ich glaube auch, daß eine richtig verstandene Lektüre der Bibel zum Glauben und zu einem bibelgemäßen Leben führt. Ist jedoch der Fundamentalismus bereit, auch seine eigenen Grundsätze von der Bibel her in Frage stellen zu lassen? Läßt er der Bibel die Freiheit, ihn zu überraschen?

Wolfgang Bittner

Wort Gottes als menschliches Zeugnis von Gott

Ein evangelikaler Zugang zur Bibel

I. Wer sind die Evangelikalen?

Seit etwa zwei Jahrzehnten, vor allem seit dem internationalen Kongreß für Weltevangelisation 1974 in Lausanne, der von der ‹Weltweiten evangelischen Allianz› (World *evangelical* Fellowship) veranstaltet worden war, spricht man von einer ‹*evangelikalen*› Bewegung. Dabei handelte es sich nicht um eine geschlossene Gruppe, eher um einen losen Verband, da weder die weltweite noch eine kontinentale oder örtliche Evangelische Allianz die Möglichkeit hat, repräsentativ für alle Gruppen oder Einzelpersonen zu reden. Darin liegt einer der Gründe, daß der Begriff ‹*evangelikal*› teilweise sehr unscharf blieb und eher allgemein eine Grundrichtung christlichen Glaubens, Lebens und theologischen Denkens andeutet. Einige theologische Grundüberzeugungen werden von allen ‹Evangelikalen› geteilt:
1. Die Bibel wird als Heilige Schrift gesehen. Ihr kommt die höchste Autorität für Leben und Glauben zu.
2. Die Erlösung wird dem Menschen aufgrund der Gnade Gottes durch den Glauben an Jesus Christus zugesprochen. Dabei wird die Dimension persönlicher Erfahrung (Umkehr) und persönlicher Verwirklichung (Gemeindebezug) besonders betont.
3. Daraus ergibt sich die Notwendigkeit sowohl der Evangelisation wie der Mission. In den letzten Jahren wurde deutlich, daß der soziale Einsatz darin unbedingt eingeschlossen sein muß.

4. Für viele Evangelikale gehört die nahe Erwartung der Wiederkunft Jesu zu den wichtigen Glaubensgrundsätzen.
Bei den Evangelikalen handelt es sich in erster Linie um eine Basisbewegung, nicht um eine theologische Schule. Damit versteht es sich von selbst, daß verschiedene Ansätze der Schriftauslegung darin ihren Platz haben. Von Fundamentalisten bis zu gemäßigten Vertretern der historisch-kritischen Schule findet sich eine große Bandbreite. In der Bewegung der Evangelikalen wurde von Anfang an intensiv theologisch gearbeitet, nicht zuletzt auch an den Fragen der Schriftauslegung. So besteht auf europäischer Ebene eine ‹Gemeinschaft europäischer evangelikaler Theologen› (GEET), in Deutschland der ‹Arbeitskreis für evangelikale Theologie› (AfeT), in der Schweiz die ‹Arbeitsgemeinschaft für biblisch erneuerte Theologie› (AfbeT) und in der welschen Schweiz der Kreis um die Zeitschrift ‹Chokma›. Der hier vorgelegte Zugangsweg zur Bibel ist persönlich gefärbt. Er kann und will, wie das übrigens auch für die anderen Beiträge in diesem Band gilt, nicht repräsentativ für eine ganze Bewegung sein. Er entspricht jedoch etwa dem, was von den leitenden Mitgliedern dieser Arbeitskreise vertreten wird.

II. Jesus erzieht seine Jünger, oder: In der Nähe Jesu wird man ‹abnormal›.

Notizen zu einer meditativ-narrativen Predigt über Markus 6,30–44

– Die Jünger kommen müde und doch erfüllt von ihrem ersten ‹Praktikum› (Mk 6,7–13) zurück: Begeisterung – es ging wirklich. Sie kommen, um zu berichten, angehört zu werden, Begeisterung mitzuteilen, Erfahrungen auszutauschen – ‹Feedback› zu erfahren.

– Jesus geht auf diese Erwartung ein und sucht mit den Jüngern das Weite. Das Volk kann warten.

– Das Volk kommt diesem Bemühen zuvor und bevölkert auch

jenen «einsamen» Ort, der zum Rückzug vorgesehen war. Statt der Einsamkeit wartet wieder das Volk. Was soll das? Haben diese Menschen ein Recht dazu? Warum kommen sie ausgerechnet jetzt? Wessen Ansprüche haben jetzt mehr Gewicht – diejenigen des Volkes oder diejenigen der Jünger?

– Jesus läßt sich ‹ablenken›. «Erbarmen» habe er gehabt, mit dem Volk. Dahinter steht die Einsicht in die Not, die Hirtenlosigkeit. Nicht dem Druck der Situation, sondern dem Erbarmen gibt er nach. Wie hilft man? «Er fing an, sie vieles zu lehren.»

– Und die Jünger? Sie stehen um Jesus, scheinbar vergessen. Wie mag ihnen zumute sein? Jesus hat Zeit für das Volk. Er predigt – viel zu lange. Wie hört man – als Jünger – einer solchen Predigt zu?

– Gegen Abend kommt der Unterbruch. Nicht aggressiv klingt es. Die Jünger geben sich als Anwälte des Natürlichen, das Jesus zu vergessen scheint: Das Volk hat Hunger. Sie machen praktische Vorschläge, die nüchtern klingen, gegen die man nichts einwenden kann. Mit den Predigten kann man morgen weiterfahren, der Hunger fordert jetzt endlich sein Recht – nüchterne Maßnahmen.

– Das Volk hätte sich verabschiedet. Die Jünger wären mit Jesus allein geblieben, hätten ihr Recht bekommen, ohne es unmittelbar einfordern zu müssen.

– Jesu Antwort setzt das Jüngerpraktikum fort. «Gebt *ihr* ihnen zu essen.» ‹*Ihr* seid dran, nicht ich.› Die Frage stellt sich: Hilfe durch Organisation?

– Scheinbar unmotiviert fragt Jesus nach der Höhe des eigenen Vorrates. Hat Jesus sich je für Vorräte interessiert? Dahinter stecken sonst eher Existenzängste der Jünger (vgl. 8,16ff). Es stellt sich heraus, daß der Vorrat beschämend klein ist. Nicht einmal für den Jüngerkreis scheint das zu genügen: fünf Brote, zwei Fische.

– Nicht die *eigenen* Vorräte werden vermehrt. Jesus als Hausvater nimmt sie entgegen, blickt zum Himmel und spricht die Beracha, den Danksegen. Keine Bitte, kein Wunder, keine besondere Haltung, die dieses Mahl von anderen Mahlzeiten unterscheiden würde.

– Was für Jesus und die Jünger nicht reicht, soll mit anderen geteilt, nein: anderen vorgelegt werden. Die Vermehrung geschieht nicht *vor* dem Verteilen, auch nicht zu einem kleinen Teil. Wer auf den Vorrat sieht, der ist und bleibt überzeugt, daß er immer zuwenig hat.

– Der Vorgang der Vermehrung, die Reaktion der Jünger, das Staunen des Volkes – lauter Züge, die uns interessieren würden: *Wie* ist das zugegangen? *Was* haben die Menschen gesagt? – All das bleibt bei dieser Erzählung im dunkeln. Daß hier ein Wunder geschehen ist, steht für den Erzähler fraglos fest. Er muß es aber nicht begründen, nicht erklären und auch nicht verteidigen.

– Es ist, wie wenn der Bericht unsere Aufmerksamkeit von dem, was *uns* interessieren mag, weglenken wollte auf das, was *ihm* wichtig ist:
– *Alle* aßen und wurden satt – wohlgemerkt: gesättigt durch den «Mangel», den Jesus entgegennimmt, für den er segnend dankt.
– Den *Jüngern*, die selbst zuwenig hatten, bleiben zwölf Körbe voll.

– Nochmals: Es ist nicht so, daß sich der Mangel *zunächst* zum Überfluß wandelte, aus dem heraus dann weitergegeben wird. Nein, genau umgekehrt: Der Mangel wird verteilt – und zurück bleibt der Überfluß.

– Statt Feedbackrunde Fortsetzung des Praktikums!

– Wer weiterliest, erschrickt über die Fortsetzung. Auch jetzt keine Gelegenheit, in Ruhe zu reden, zu reflektieren oder sich auch nur voll berechtigter Begeisterung Ruhe zu gönnen. Fort ins Schiff, erst noch allein; Sturm – ohne Hilfe; Jesus ‹sieht› – und kommt doch erst im Morgengrauen: Er kommt – aber in fremder Gestalt, so daß die Jünger nur noch erschrecken ...

III. Wie gehe ich vor?

Eine solche Meditation verrät noch nicht allzuviel vom Schriftverständnis, das hinter ihr steht. Ich gehe darum einen Schritt zurück. Ich sitze also als Prediger vor einem solchen erzählenden Text, von dem ich meiner Gemeinde weitersagen soll. Was erwarte ich von einer solchen Erzählung? Wie nähere ich mich ihr?

Ich suche letztlich Begegnung, um in der Verkündigung Begegnung vermitteln zu können. Ich frage: Was entdecke und lerne ich über Jesus, sein Reden, sein Handeln, seine Reaktionen, seine Motive? Was ist mir bekannt, was stört mich, was bleibt mir fremd? Beispiele dazu bietet die Meditation im Abschnitt II. Weiter frage ich nach den Menschen, die darin vorkommen, ihrem Denken, ihrem Handeln, ihren Ansprüchen und ihren Verweigerungen. Ich erfahre so, daß biblische Erzählungen wie ein Spiegel wirken, in dem ich Züge von mir selbst wiederfinde. Warum freut mich dies, warum stört mich jenes, warum bleibt mir ein Zug des Textes fremd? Was sagen mir meine Reaktionen über den biblischen Text, was über mich? Als Prediger versuche ich, im ‹Spiegel› dieses Textes auch die Menschen zu sehen, denen ich zu verkündigen habe. Was geht mir an jenen Menschen im Spiegel dieses Textes auf?

Dahinter steht intensive exegetische und biblisch-theologische Arbeit. Ich frage nach der Landschaft, den Lebensumständen der Menschen, ihrem Beruf, ihrer Bildung, ihren Nöten und Freuden und der Vielfalt ihrer Lebenserfahrungen. Die vielfältige Literatur der damaligen Zeit hilft mir, viele Details des biblischen Berichtes, die nur skizziert sind, plastischer zu sehen. Dann frage ich, was der Verfasser sich gedacht haben mag, als er diesen Abschnitt gerade hier in seinen Bericht einfügte. Sind Zusammenhänge mit anderen Texten desselben Buches erkennbar, vielleicht sogar beabsichtigt? Endlich frage ich, wie dieser einzelne Bericht mit den vielen anderen biblischen Erzählungen, Weisungen, Warnungen und Versprechen zusammenhängt. Wird hier etwas erzählt, das auch sonst immer wieder betont wird – oder steht die Hauptaussage fremd in der Landschaft der Bibel? Welchen besonderen Ton höre ich gerade in diesem Text?

Eingebettet ist diese Arbeit in ein *Vertrauen in die einsehbare Zuverlässigkeit des Textes* bzw. in die Glaubwürdigkeit der Zeugen, die hinter diesem überlieferten Bericht stehen. Man verstehe das recht! Der Text und seine Zeugen sind nicht darum vertrauenswürdig, weil es sich hier um die Bibel handelt, sondern umgekehrt. Die Glaubwürdigkeit ist in hohem Maß einsehbar, bleibt aber befragbar. Sie steht also nicht ‹dogmatisch› fest.

In allem Bemühen um einen Bibeltext erwarte ich, *Gott selbst zu hören.* Ich erwarte sein lebendiges Reden zu mir und zur Gemeinde. Es kann sein, daß ein Wort, ein Gedanke, ein Bild, ein Eindruck mich in besonderer Weise unmittelbar ‹betrifft›. Ein solches Reden geschieht zwar anhand eines biblischen Textes. Ich erfahre es jedoch als Reden Gottes, das letztlich unausweisbar bleibt.

Diese unvollständige Skizze konkreten exegetischen, meditativen und betenden Vorgehens gibt jedoch immer noch nicht die nötige Auskunft über das Bibelverständnis, aus dem es kommt. Darum gehe ich noch einen Schritt weiter zurück.

IV. Was können wir von der Bibel erwarten?

Ich sehe in der Bibel ein menschliches Zeugnis von Gottes Handeln und Gottes Reden. Auf dieses menschliche Zeugnis zu hören ist meine Aufgabe. In diesem menschlichen Zeugnis aber erfahre ich, daß Gott selbst auf einzigartige Weise zu diesem menschlichen Wort steht und es sein Wort sein läßt. Im Hören auf dieses Wort versuche ich zu unterscheiden:

– Ist das, was ich hier lerne, einmalig oder typisch? Es gibt Dinge, die nur Erinnerung sind; anderes ist bewußt auf Zukunft hin offen gehalten, z. B. Urteile, Verheißungen, Weisungen.
– Mancher Zug biblischer Texte erscheint mir als Angebot, von dem aus auch Situationen der Gegenwart gedeutet werden

können. Man könnte vorsichtig von Deutungsmodellen sprechen. Z. B.: ‹Leiden› eines Menschen kann dies oder jenes bedeuten.

– Es gibt Aussagen in der Bibel, die durch Gottes Versprechen als bleibend feststehendes Wort bezeichnet wurden und darum auch für heute zu reklamieren sind, z. B. Willensäußerungen, Gebote, Verheißungen, Treueversprechen, Bekenntnisformulierungen usw. Nicht weil sie ‹zeitlos› wären, gelten sie auch heute, sondern weil Gott versprochen hat, sie in jeder Zeit durchzuhalten und zu erneuern.

Was kann ich aber vom biblischen Wort nicht erwarten? Das, was nur Gott durch seinen Geist selbst tun will und tun kann: Nur er selbst kann mir anhand dieses Wortes sagen, was mir bzw. meiner Gemeinde heute gilt. Die Bibel schärft mir Ohr und Herz. Sie verweist mich auf Gottes vergangenes Reden und Handeln, damit ich heute umso schärfer auf ihn selbst hören kann. Das Hören auf das biblische Zeugnis hilft mir zu erkennen, ob und wie dieses Reden Gottes heute mit seinem vergangenen Reden übereinstimmt oder sich davon unterscheidet. ‹Reden› aber in einem letzten, mich bindenden Sinn, das kann nur Gott selbst.

V. Was unterscheidet meinen Zugangsweg von anderen?

1. Menschliche Erzählung und Gotteswort
a) Die Bibel ist zunächst keine Sammlung ewiger, göttlicher Wahrheiten, sondern hauptsächlich *eine Sammlung von menschlichen Erzählbüchern:* So hat Gott da bzw. dort gehandelt, gesprochen, seinen Willen kundgetan. Die einzelnen biblischen Schriften sind in konkreten geschichtlichen Zusammenhängen entstanden, die sie auch deutlich widerspiegeln. Menschen legen hier von Gottes Weg in der Geschichte und von seinem Handeln an Menschen und Völkern Zeugnis ab: von der Schöpfung und der Erwählung Israels, vom Weg Gottes mit seinem Volk in Bewahrung und Verwerfung, in Führung und Widerstand, in Gericht und Gnade, von der Sendung seines Sohnes Jesus Chri-

stus, dessen Wirksamkeit, Tod und Auferstehung, von der Sendung des Jüngerkreises und der Bildung der Kirche.

b) Daneben ist aber historisch ebenso feststellbar, daß man in der Kirche während Jahrhunderten ungebrochen geglaubt, erfahren und davon gelebt hat, daß diese Schriften «*Gottes lebendiges Wort*» sind: Gott selbst spricht in ihnen und durch sie vernehmlich in die Gegenwart – gerade da, wo man von Gottes vergangenem Handeln und Reden liest. Ständig gestaltet Gott durch sein Wort unsere Gegenwart und verheißt neue Zukunft. Obwohl die Schriften der Bibel als menschliche ‹Geschichte› erfahren und ausgelegt werden, sind sie für uns gegenwärtig, wirksam und bestimmen die Zukunft.

c) Beides steht in nicht unbeträchtlicher Spannung zueinander. Darin tritt das grundsätzliche Problem zutage. Kann die Bibel beides sein? Einerseits ein geschichtlich gewachsenes, von Menschen geschriebenes Buch, das Zeugnis von geschichtlichen Ereignissen ablegt? Wie kann dieses Buch dann Gottes Offenbarung sein? Andererseits: Wenn sich in der Bibel wirklich Gott selbst vorstellt und das biblische Wort zum lebendigen Wort für uns, für unsere Gegenwart wird, wie kann sie dann trotzdem ganz menschliches Zeugnis sein? Grundsätzlich heißt diese Frage also: Kann und will uns der ewige Gott in einer solchen geschichtlichen, kontingenten Gestalt begegnen?

2. *Verschiedene Folgerungen*
Tatsächlich ist man von dieser Beobachtung aus zu gänzlich verschiedenen Folgerungen gekommen:

a) Geht man von der geschichtlich-kontingenten Gestalt der biblischen Schriften aus, so erscheinen die biblischen Berichte als menschliches Zeugnis menschlicher Gotteserfahrungen. Anders ausgedrückt: Menschen, die an Gott glaubten, deuteten an sich mehrdeutige Ereignisse der Geschichte als Handeln Gottes. Daß Gott in der Geschichte handelt, wird zum ‹Glaubensurteil›. Die Vorgänge der Geschichte gelten als mehrdeutig. Der Glaube wird zum Deutungsschlüssel, der ein ganz bestimmtes subjektives

Verständnis der Geschichte möglich macht. ‹Für *uns* ist klar, daß *Gott* das getan hat.› Die Aussage, daß Gott die Geschichte gestaltet und in ihr begegnet, kann darum nicht Aussage über die Geschichte selbst sein, sondern nur Ausdruck einer glaubenden Interpretation eben dieser Geschichte. So scheint historisch-kritische Exegese die Bibel zu betrachten.

b) Man ging und geht jedoch auch immer wieder vom Glauben an die Göttlichkeit der Schrift aus, wobei unter der Göttlichkeit die Zuverlässigkeit, die Irrtumslosigkeit und überzeitliche Geltung biblischer Aussagen verstanden wird. Sobald die Voraussetzung akzeptiert ist, daß die Schriften der Bibel ‹von Gott› kommen und darum ‹wahr› sind, erweisen sie sich dem Glaubenden in ihrer Göttlichkeit und damit auch in ihrer uneingeschränkten und umfassenden Zuverlässigkeit. So scheint fundamentalistische Exegese die Bibel zu betrachten.

Diese beiden eben skizzierten Positionen scheinen einander entgegengesetzt zu sein. In gewissem Sinn sind sie das auch. An einem Punkt sind sie einander jedoch nahe verwandt. Bei beiden stehen noch *vor* dem Hören auf die Schrift dogmatische Vorentscheidungen, die scheinbar nicht mehr hinterfragt werden können. So aber werden solche Entscheidungen zu mehr oder weniger verschwiegenen Auslegungs- und Deutungsschlüsseln. Entweder setze ich voraus, daß Gott in der Geschichte nicht erkannt werden kann; dann kann die Rede von Gott nur eine glaubende Interpretation der Geschichte sein. Oder ich setze voraus, daß Gott in der Bibel spricht und darum auch jedes Detail, das in der Bibel berichtet wird, wahr sein muß.

c) In den letzten Jahren gewann noch ein weiterer Ansatzpunkt der Schriftauslegung an Bedeutung. Während die beiden zuvor erwähnten Auslegungswege noch mit der Überzeugung einsetzen, daß in der Bibel von Gott und seinem Handeln gesprochen wird, so kehren sich neuere Auslegungswege mehr oder weniger radikal von dieser Grundüberzeugung ab. Die Bibel wird als Buch der Selbsterfahrung des Menschen aufgefaßt. Die Rede von Gott sei chiffrierte Rede menschlichen Selbstverständnisses und müsse konsequent so ausgelegt werden. Hierher gehören existentialistische oder tiefenpsychologische Exegese.

Bei aller Verschiedenheit dieser Wege herrscht doch an einem entscheidenden Punkt merkwürdige Übereinstimmung: Eine philosophische (erkenntnistheoretische) Voraussetzung bestimmt den Ausleger noch *vor* der konkreten Wahrnehmung der Bibel und ihres Aussagewillens. Diese Voraussetzung kann durch die Wahrnehmung, durch das Lesen der Schrift und die Begegnung mit ihrem Selbstzeugnis methodisch nicht mehr eingeholt werden.

3. Eine philosophiegeschichtliche Zwischenbemerkung

Wenn ich recht sehe, liegt das Hauptproblem gegenwärtiger Schriftauslegung keineswegs in der Methodenfrage, sondern an einem anderen Ort: Kann man aufgrund des geschichtlich-kontingenten Zeugnisses der biblischen Schriften wirklich von Gott, von einem Wissen von Gott reden?

Kann man das nicht, dann handelt es sich bei der biblischen Rede von Gott tatsächlich um bloß menschliche bzw. kirchliche Meinung von Gott. Sie mag durch ihr Alter und ihre jüdische bzw. kirchliche Einbindung eine gewisse historische Autorität besitzen, aber nicht mehr. Christliche Rede von Gott aufgrund der Bibel ist dann nur ein Angebot, jene Ereignisse auf eine bestimmte Weise als Handeln Gottes zu deuten. Müßte man da nicht mit demselben guten Recht auch ganz andere Deutungsmöglichkeiten gelten lassen? Ja, letztlich wird so auch die in der Bibel vorgetragene Deutung der Gotteserfahrung hinterfragbar und grundsätzlich kritisierbar. Das Ergebnis scheint zu lauten: Wir stehen vor *Deutungsmöglichkeiten,* während uns ein wirkliches *Wissen von Gott* unzugänglich bleibt. Ist diese Situation unausweichlich? Dem steht zunächst die einfache Beobachtung entgegen, daß man in der Kirche über mehr als 1500 Jahre hinweg diese Unsicherheit nicht gekannt hat. Warum ist das heute anders? War man früher bloß naiver?

Ein Blick in die Philosophiegeschichte läßt uns den Wendepunkt einigermaßen genau bestimmen. In der erkenntnistheoretischen Grundlagenbesinnung der Philosophie trennt der Philosoph Immanuel Kant grundsätzlich die Möglichkeiten menschlicher Wahrnehmung von den Möglichkeiten göttlicher Bezeugung. Der Mensch kann zwar – nach Kants Meinung: irrtümlich – wahrnehmbare Ereignisse für Bezeugungen Gottes *halten* – d. h., er kann sie als Gottes Handeln *glauben*; er kann aber nicht *wahrnehmen* und darum auch nicht *wissen*, daß es sich dabei um Gottes Eingreifen handelt. «Ich mußte das Wissen aufheben, um zum Glauben Platz zu bekommen», lautet sein berühmter Satz. Glaube sei also als subjektive Überzeugtheit möglich, nicht aber als ein aufgrund von historischer Wahrnehmung gewonnenes und damit auch anderen erweisbares und einsichtiges Wissen. Einen Glauben, der sich auf geschichtliche Bezeugung gründet und darum wirklich weiß, was er glaubt, kann es – so die philosophische Überzeugung seit Kant – grundsätzlich nicht geben.

Müssen wir diese erkenntnistheoretische Voraussetzung Kants übernehmen und Geschichtsbetrachtung und Schriftauslegung darauf aufbauen? Nach meiner Meinung hat Kant zwar einen philosophisch ganz entscheidenden Punkt markiert, doch seine Ergebnisse sind philosophisch nicht zwingend.

Nach dem biblischen Zeugnis hat Gott dadurch, daß er aktiv in die menschliche Geschichte eingriff, sich in den Spuren seines Handelns den Menschen wahrnehmbar gemacht. Wer nur genau genug hinsieht und dem Zeugnis derer, die dieses Handeln bezeugen, lauscht, kann dies wahrnehmen und erkennen. Man muß es noch schärfer sagen. Wer nicht erkennt, daß Gott in den Ereignissen, von denen die biblischen Berichte erzählen, gehandelt hat, hat im Grunde keine Ausrede. Die biblischen Berichte lassen keinen Raum für einen ‹subjektiven Vorbehalt›. Sie erheben ja gerade nicht den Anspruch, geschichtliche Vorgänge bloß aus ihrem Glauben zu deuten – so daß für den, der nicht glaubt, sich dieselben Ereignisse ganz anders deuten ließen. Stimmt diese Voraussetzung, dann ist christlicher Glaube auf geschichtliche Vorgänge gegründet, die der menschlichen Wahrnehmung allgemein zugänglich sind. Damit ist der Glaube an Gottes Handeln nicht subjektiv begründet und echtes Wissen von Gott ist möglich – gerade auf dem Weg der Wahrnehmung historischer Vorgänge.

Wer damit nicht einverstanden ist, hat nur drei Möglichkeiten: Er kann entweder den Glauben subjektiv als Deutungsangebot bezeichnen. ‹Wahr› ist er dann nicht von seinem Ursprung her, sondern nur soweit er sich ‹bewährt›. Damit wird der Wahrheitserweis von der Geschichte in die Ethik verlegt (so z. B. Lessing). Oder er glaubt aufgrund einer vorgegebenen Autorität, z. B. aufgrund der als überzeitliches Wort Gottes verstandenen Bibel oder aufgrund der Kirche und ihres autoritativen Lehramtes. Beide Auswege sind letztlich ‹subjektiv›, d. h. ohne Begründung in historischem Wahrnehmen und damit im Wissen, das sich auf diese Wahrnehmung gründet. Der dritte Ausweg radikalisiert diese Verlegenheit und verzichtet auf die Erkenntnis Gottes in der Geschichte. Das ist der Fall, wenn man das Reden von Gott als chiffrierte Rede vom menschlichen Selbstverständnis erklärt.

4. Plädoyer für ein ‹inkarnatorisches› Schriftverständnis
Voraussetzungslose Wege gibt es nicht. Ich weiß, daß auch der von mir vertretene Ansatz der Schriftauslegung Voraussetzungen hat: Für mich hat sich Gott in seinem Handeln in der Geschichte dem Menschen wahrnehmbar bezeugt. Darum ist die Bibel menschliches Zeugnis von Gott und seinem Handeln.

Am liebsten würde ich das von mir vertretene Schriftverständnis *inkarnatorisch* nennen. Der Vorgang der Menschwerdung Gottes in Jesus findet seine Analogie in der Schriftwerdung von Gottes Wort. Jesus wurde ganz Mensch und war gerade darin ganz Gott. Ebenso ist die Bibel ganz Menschenwort und als solches auch ernst zu nehmen. Gerade darin aber ist es auch ganz Wort Gottes und als solches zu hören. Knapp ausgedrückt: Die Bibel ist *Gottes Wort als menschliches Zeugnis* von Gottes Handeln und von Gottes Wegen durch die Geschichte. Sie ist bleibend gebunden an sein Volk Israel, an seinen Sohn Jesus Christus, an seine Kirche; sie ist Zeugnis von Gottes Willen für diese Welt und für die Menschen, die er erwählt hat; sie ist Zeugnis von

Gottes Plan für die Geschichte, die Gott in dieser Welt zur Vollendung führen wird.

Daß dieses Zeugnis menschliches Zeugnis ist, schließt ein, daß es in seiner Gestalt wie in seinem Inhalt das Geheimnis des Menschseins an sich trägt. Es ist der Begrenzung des Menschseins unterworfen. Damit ist ausdrücklich auch der Irrtum als eine Möglichkeit eingeräumt, die in der Begrenzung des menschlichen Seins ihren Grund hat. Daß dieses menschliche Zeugnis trotzdem Gottes Selbstbezeugung ist, sagt nichts anderes aus, als daß Gott in der Schriftwerdung dieselbe Erniedrigung auf sich nimmt wie in der Menschwerdung: das menschliche Zeugnis von Gott wird zum Selbstzeugnis Gottes.

5. Verhältnis zur historisch-kritischen Auslegung

Es besteht eine Nähe zur historisch-kritischen Methode. Beide Auslegungswege wollen die Menschlichkeit der Geschichte ernst nehmen. Und doch bestehen unübersehbare Differenzen, sowohl im grundsätzlichen Ansatz wie in einzelnen Auslegungsprinzipien. Woran liegt das? Die historisch-kritische Methode wurde als eine grundsätzlich atheistische Methode entworfen und hat die Eierschalen ihres Ursprungs bis heute nicht abgeworfen. Ihr liegt ein Geschichtsbild zugrunde, in dem Gott prinzipiell nicht vorkommen kann. Die Möglichkeit, ein Eingreifen Gottes in die Geschichte wahrnehmen zu können, wird grundsätzlich abgelehnt.

Darauf bauen nun die methodischen Schritte der Auslegung auf. Sie sind folgerichtig so entworfen, daß ein Geschichtshandeln Gottes gar nicht erkannt werden kann. Das zeigt sich vor allem an zwei Schritten, die für die historisch-kritische Methodik wichtig sind: die Frage nach der Analogie und der Korrelation.

– *Analogie* (Entsprechung): In der historisch-kritischen Methode gilt nur das als ‹historisch›, also als wirklich geschehen, was in gleicher bzw. ähnlicher Weise dem Menschen im Normalfall auch sonst erfahrbar ist. Alles ‹einmalige› Geschehen gilt damit prinzipiell als unhistorisch.

– *Korrelation* (Wechselbeziehung): Nur das gilt als ‹historisch›, was sich gleichsam natürlich aus vorangehenden Entwicklungen ‹ergibt›. Nur das, was sich als menschliche Wirkung aufgrund menschlicher Ursachen verstehen läßt, darf als historisch gelten. Auch hier also ist ein Eingreifen Gottes prinzipiell nicht wahrnehmbar und damit unhistorisch.

Viel wäre gewonnen, wenn deutlich würde, daß beiden methodischen Schritten das hegelianische Geschichtsbild des ausgehenden 19. Jahrhunderts zugrunde liegt. Was aber zwingt mich, dieses Geschichtsbild zu übernehmen? Im Verhältnis zur historisch-kritischen Auslegung ergeben sich also Differenzen sowohl im Geschichtsbild wie in der Methodik, die sich daraus ableitet. Im Geschichtsbild: Ein Eingreifen und Gestalten der Geschichte durch Gott halte ich prinzipiell für möglich und für wahrnehmbar. Darum gehen die Wege auch in der Methodik klar auseinander:

– Die Behauptung, daß nur dort von Geschichte zu reden sei, wo das Prinzip der Analogie nicht durchbrochen werde, ist illegitim. Warum soll Gott sich nicht in die Geschichte einmischen? Warum darf und kann er sich nicht wahrnehmbar machen? Dieser Satz gilt nicht bloß in einem Ghetto der Theologen. Was würde es für die Profanhistorie bedeuten, wenn man alle Analogielosigkeiten daraus als ungeschichtliche Mythenbildung eliminieren wollte? Es gibt in der Geschichte immer wieder analogielose, nicht vergleichbare Vorgänge, bei denen es sich trotzdem um historische Vorgänge handelt.

– Dasselbe gilt für das Prinzip der Korrelation. Der Grundsatz, daß nur dort von Geschichte zu sprechen sei, wo Korrelation festgestellt werden kann, hängt an einem überholten philosophischen Geschichtsbild, das nicht übernommen zu werden braucht. Es gibt in unserer Geschichte auch Abbrüche und Neubrüche, an denen geschichtliche Wahrnehmung nicht vorübergehen darf. Auf sie ist im Gegenteil besonders zu achten.

6. Verhältnis zum fundamentalistischen Auslegungsansatz
Es besteht ebenfalls eine Nähe zum fundamentalistischen Auslegungsansatz. Hinter beiden Ansätzen steht die Überzeugung, daß es sich bei der Bibel in der uns vorliegenden Gestalt um Gottes Wort handelt. Und doch sind auch hier Differenzen nicht zu übersehen. Sie zeigen sich profilierter im grundsätzlichen Ansatz als in den methodischen Schritten. Die Tatsache, daß Gott in dieser Geschichte handelt, hebt diese Berichte nicht auf eine andere Ebene. Wenn es Gott ist, der unsere Geschichte gestaltet, dann ist zwischen einer Profangeschichte (in der Gott nicht vorkommt) und einer Heilsgeschichte (in der Gott handelt) prinzipiell nicht mehr zu unterscheiden. Gott hat die *ganze* Welt und damit auch ihre Geschichte in seiner Hand, gerade auch da, wo es in ihr zutiefst menschlich zugeht.

Methodisch ist der Blick auf die Menschlichkeit der biblischen Berichte nie zu verlieren. Es sind begrenzte Menschen, die hier berichten. Daß Gott selbst hinter diesem Wort steht, hebt die Begrenzung der Boten nicht auf. Darum sind Grenzen menschlicher Erkenntnis der Boten nicht prinzipiell auszuschließen. Die Angaben der biblischen Berichte sind ‹menschlich› – und nur so ist die Bibel auch Gottes Wort an uns. Als Beispiel: Die Irrtumsfähigkeit der biblischen Schriftsteller gehört zu ihrer geschöpflichen Begrenztheit. Die Aussage, die Bibel könne keinen Irrtum enthalten, weil sie Gottes Wort sei, halte ich für ein dogmatisches Fehlurteil, das die Menschlichkeit der biblischen Schriftsteller nicht ernst nimmt.

Die Methode soll also nicht nur für Beobachtungen von Gottes Eingreifen offen sein, sondern auch für die Wahrnehmung menschlicher Prägungen und Begrenzungen der biblischen Schriftsteller.

VI. Auslegung und Anwendung – von den Grenzen der Auslegung

In der Kirche treiben wir Auslegung, weil uns das Wort der Bibel bedeutsam ist für unser Heute. Wir erwarten, daß Gott auch heute spricht durch sein Wort, das von seinem Handeln damals Zeugnis ablegt. Darum lassen sich Auslegung und Anwendung, historisches Betrachten und lebendiges Befolgen nicht voneinander trennen. Unsere Predigten sind nicht bloß historische Texterklärungen. Sie wollen anhand eines Bibeltextes selber Wort Gottes sein, also Gottes Anspruch und Gottes Zuspruch in unsere unauswechselbare Gegenwart. Auch in der persönlichen oder gemeinsamen Bibellektüre suchen wir ja Wegweisung für unser Leben, unsere Welt, unser Handeln und Glauben. Wie kann das geschehen? Es ist hilfreich, von verschiedenen Stufen der Klarheit zu sprechen, zu denen uns die Bibel verhelfen kann.

– Es gibt in der Bibel *feststehende Entschlüsse Gottes*. Gottes Liebeswille, die Erwählung Israels, die Bundesschlüsse usw. gelten aufgrund von Gottes Versprechen als unkündbar. Sie bestimmen fortan den Lauf der Geschichte. Darum sind sie in der Verkündigung der Kirche auch heute aussagbar. Hier wird der Satz «die Bibel sagt ...» genügen, um einer Entscheidung Autorität zu verleihen.

– Es gibt in der Bibel feststehende ethische Urteile Gottes, seine *Gebote und Verbote*. Auch sie sind in der Geschichte ergangen und in ihrem Verlauf erweitert oder eingeschränkt, verschärft oder gar aufgehoben worden. Hier ist im Einzelfall genau nachzufragen. Das Verbot des Mordes gilt im Dekalog zwar nur Israel; aber es wird als selbstverständliche Rechtsnorm auch für andere Völker vorausgesetzt. Sabbat, Beschneidung und Speisevorschriften beanspruchen dagegen nur innerhalb Israels Geltung. Das Verbot des Wuchers und des Rechtsbruches gegenüber dem Ärmsten, die unbedingte Achtung des Lebens des einzelnen Menschen oder das Verbot des Menschenopfers z. B. sind wiederum Ausdruck des ungekündigten ethischen Willens Gottes. Geht es um solche Zusam-

menhänge, so wird der Satz: «Die Bibel sagt...» genügen, um einer Entscheidung in der Gegenwart Autorität zu verleihen.
– Daneben kennt die Bibel auch *unterschiedliche Deutungsmodelle* für konkrete Problemfälle. Zur Frage nach der Bedeutung von Macht, von Leiden, von politischen Heimsuchungen, von Korruption usw. liegen in der Bibel verschiedene Deutungsmodelle vor. Je nach geschichtlicher Situation oder konkreten Umständen fiel Gottes Urteil anders aus. Manchmal war z. B. Leiden wirklich Strafe für Schuld, manchmal gehörte es zum konkreten Dienstauftrag, war etwa stellvertretendes Leiden für andere. Manchmal gehörte es einfach zur geschichtlichen Stunde, die über das ganze Volk verhängt war. Suchen wir nach Antworten auf solche Fragen, zu denen uns in der Bibel verschiedene Deutungsmodelle angeboten sind, wird der Satz: «Die Bibel sagt...» nicht mehr genügen, um einer Entscheidung Autorität zu verleihen. Denn aufgrund welcher Kriterien wird jetzt entschieden, welches der verschiedenen Deutungsmodelle gerade jetzt von Gott her gemeint ist?

Was aber ist das Wichtigste für kirchliche Schriftanwendung? Die Art, wie in den Schriften des Neuen Testamentes von der Gabe des Heiligen Geistes gesprochen und wie dessen Wirken geschildert wird, gibt deutliche Hinweise. Der Geist Gottes schenkt der Kirche die unmittelbare ‹Anwendung› des biblischen Wortes. Er sagt: *Jetzt* soll es *so* sein! Selbstverständlich muß dieses Hören geprüft werden, nicht zuletzt vom Schriftausleger, der diese ‹Anwendung› von der ‹Auslegung› her befragt, an ihr mißt und mit ihr vergleicht. Entsprechen Anwendung und Auslegung dem, was ‹biblisch› auch sonst gesagt wird, oder gehen sie über in der Bibel gesetzte Grenzen hinaus? Aber die Autorität geistlicher Rede, die behauptet, Gott selbst zu hören und seine Entscheidung für eine konkrete Zeit oder Situation deutlich zu machen, erwächst letztlich nicht aus der schriftgelehrten Arbeit. Sie hat eigene Wurzeln in Berufung und Geistbegabung. Prophetische Rede kann mit schriftgelehrter Arbeit zwar Hand in Hand gehen, kann ihr aber auch entgegenstehen. Nimmt man das ernst, dann dürfte man in bestimmten Fällen nicht mehr sagen: «Die Schrift sagt...» Man müßte sagen können: «So spricht der Herr.» Damit aber sind Möglichkeiten, Aufgaben und Grenzen der Schriftauslegung überschritten.

Lektürevorschläge zum evangelikalen Zugangsweg
H. Marshall, *Biblische Inspiration*, Wuppertal 1986
K. H. Michel, *Sehen und Glauben. Schriftauslegung in der Auseinandersetzung mit Kerygmatheologie und historisch-kritischer Forschung*, Wuppertal 1982.

Kritische Anfragen an W. Bittner

Kuno Füssel: Warum braucht die eindrucksvolle Nacherzählung eines Erzähltextes im Rahmen des ‹evangelikalen› Ansatzes so viele Rück-Schritte ins Denken? Wozu die Überabsicherung der Wahrnehmung des Auftretens Gottes in der Geschichte durch erkenntnistheoretische Stützen? Heißt dies nicht doch, daß die neuzeitliche Hermeneutik in einem inneren Konflikt steht mit der Autonomie der biblischen Schriften, dessen Überwindung auch durch das Stichwort ‹evangelikal› noch nicht geleistet ist?

Rolf Kaufmann: Die Meditation fand ich einfühlend und recht lebensnah. Die nachfolgenden grundsätzlich-theoretischen Abhandlungen zur These, daß die Bibel menschliches Zeugnis von Gottes Handeln sei, konnten mich nicht befriedigen, weil sowohl der Begriff ‹menschlich› wie auch ‹Gottes Handeln› recht diffus und unklar ist. Hat es W. Bittner möglichst allen recht machen wollen?

Ernst Lerle: Ist Bittners Ansatz wirklich bibeltreu, oder schlägt sich in ihm nicht doch ein von der Bibel verschiedenes, eigenes Gedankengut nieder? Dürfen wir eigenes Gedankengut, das den Befunden ‹schriftgelehrter Arbeit› an der Bibel ‹entgegensteht›, mit dem Urhebervermerk «der Herr spricht» versehen und dadurch zum Inhalt christlicher Verkündigung machen? Wird durch diese Methode der Inhalt der Verkündigung nicht außerhalb der Bibel im Ich des Predigers verankert? – Ist der empfohlene Weg zwischen dem historisch-kritischen und dem fundamentalistischen Zugang für die Gemeindebasis gangbar, oder markiert diese Position einen Platz zwischen zwei Stühlen?

Ulrich Luz: Ich habe Mühe mit der Eindeutigkeit von Gottes Handeln in der Geschichte. Was ist denn eigentlich in der Bibel ‹eindeutig› Gottes Handeln? Etwa die Tatsache, daß in der Wüste das eßbare Sekret einer Tamariske auf den Boden tropfte (was die Israeliten wohl später als wunderbare Himmelsspeise Manna interpretierten)? Oder die Tatsache, daß Jesus Besessene heilte (das tat er, aber jüdische Gegner Jesu taten das auch; Lk 11,19)? Oder Jesu Auferstehung (die einige Menschen glaubten, andere aber nicht)? Und sogar wenn das Handeln Gottes in der Geschichte eindeutig wäre, so wissen wir doch, daß es keine Überlieferungen von vergangener Geschichte gibt, die nicht vom Menschen interpretiert worden sind – von Menschen mit ihren persönlichen und zeitbedingten Grenzen, Eigenarten und Mißverständnissen. Spätestens wenn in den biblischen Texten *Menschen* von Gottes Handeln in der Geschichte erzählen und es interpretieren, verliert es – für uns! – seine Eindeutigkeit.

Daniel Marguerat: Der evangelikalen Lektüre liegt daran, dem Fundamentalismus das Beste abzugewinnen und den menschlichen Charakter der Schrift zu berücksichtigen. Sie behauptet jedoch, daß die Wiedergabe der Geschichte, wie sie die historische Kritik betreibe, kein sichtbares Eingreifen Gottes zulasse. Ist diese rationalistische Ansicht des 18. Jahrhunderts noch zutreffend für die biblischen Kommentare der heutigen Exegeten? Ich denke: Nein. Zudem: Muß denn Gott, um Gott zu sein, im Übernatürlichen und Außergewöhnlichen handeln? Lädt uns die Schrift nicht vielmehr unermüdlich dazu ein, die Spuren Gottes im ‹natürlichen› Lauf der Geschichte wahrzunehmen? Das Wunder ist nicht ein Eingreifen ‹gegen die Natur› (denn die Natur besteht auch aus dem, was wir nicht sehen); das Wunder ist ein Überfluß der Liebe, worin Gott sich zu erkennen gibt.

Denise Jornod

Die schweigenden Frauen beginnen zu reden

Ein feministischer Zugang zur Bibel

Eigentlich sollte die feministische Exegese nicht neben andere Auslegungsmethoden für das Neue Testament gestellt werden. So entsteht nämlich der Eindruck, es handle sich hier bloß um eine zusätzliche Möglichkeit, um eine Ergänzung zum Althergebrachten oder gar um eine etwas ausgefallene Modeerscheinung.

Feministische Exegese ist indessen etwas völlig anderes: Nachdem während Jahrhunderten, wenn nicht sogar Jahrtausenden, eine Theologie aus dem Blickwinkel der Männer vorherrschte – oder vielmehr alle Theologien von einer solchen einseitigen Optik ausgingen –; nach Jahrhunderten des Patriarchats, das allen Werten den Stempel einer vorwiegend männlichen Gesellschaft aufdrückte, kommen nun die Frauen zu kultureller, beruflicher und theologischer Existenz: Sie fangen an, sich selber zu definieren und zu sagen, wer sie sind. Sie betrachten die Vergangenheit mit anderen Augen und begegnen dadurch den Frauen, die ihnen vorausgegangen sind. Sie entdecken, wie diese Frauen unterdrückt wurden und wie, oft beinahe im verborgenen, ihr Schweigen und ihr Handeln die Welt viel stärker geprägt hat, als man gemeinhin annimmt. Hinter der ‹history› suchen E. Schüssler-Fiorenza und die feministischen Theologinnen also mit uns die ‹her-story›[1], die Geschichte der Frauen, die sich lange Zeit im verborgenen abgespielt hat. Frauen blieben in der Öffentlichkeit entweder unbeachtet oder erhielten nur ganz spezifische Rollen zugewiesen (Untätigkeit, Sanftmut, Privatleben, Gefühle), was ihnen den Zugang zu einem ganzen Stück Leben verwehrte.

---

1 Im Englischen ist *his* das männliche, *her* das weibliche besitzanzeigende Fürwort.

Feministische Theologie möchte Theologie in ihrer ganzen Dichte zum Ausdruck bringen (angesichts der vielfältigen Ansätze müßte man eigentlich von feministischen Theologien in der Mehrzahl sprechen). Feministische Theologie versteht sich demnach nicht als eine Dogmatik, sondern als eine Theologie, die vom Leben ausgeht und zu ihm zurückführt. Sie will der ganzen Kirche eine Lektüre der Bibel vorschlagen, die den Frauen einen angemessenen Platz zuteilt. Sie erhebt Anspruch auf eine in Vergessenheit geratene Kehrseite der Geschichte, damit die traditionelle Theologie zu ihrer eigentlichen Dichte zurückfinde und, indem sie alle Menschen zu Wort kommen läßt, wieder vollständig werde. Im Grunde genommen geht es der feministischen Theologie darum, daß Unterdrücker und Unterdrückte befreit und zwischen ihnen neue Beziehungen geschaffen werden.

I. Theologische Voraussetzungen feministischer Auslegung

1. Die ganze Bibel ist androzentrisch. Da die Bibel einem patriarchalen Umfeld erwuchs, weist sie Spuren dieser Vergangenheit auf: Stets ist für sie das Männliche maßgebend. Im Neuen Testament scheinen Frauen auf den ersten Blick eine untergeordnete Rolle zu spielen: Sie begleiten Jesus mehr oder weniger unauffällig und treten nur bei Streitgesprächen oder Heilungen in Erscheinung – da begegnen sie ihm auf seinem Weg. Die Jünger aber sind Männer – Frauen nehmen anscheinend in der Kirche keine Schlüsselstellungen ein. Wer jedoch die Texte aufmerksam liest, entdeckt, daß Frauen in der Gemeinde Jesu sehr wohl Rechte hatten und Macht ausübten. Doch als die neutestamentlichen Texte niedergeschrieben, weiterverbreitet, übersetzt und kommentiert wurden, verwischte sich das Bild der Frau zusehends. Die Gegenwart von Frauen, die teils unbedeutend, teils bedrohlich wirkte, wurde unterschlagen.

Die feministische Exegese hat den Nachweis für eine Vielzahl solcher Verschiebungen erbracht. Zur Illustration zwei Beispiele aus verschiedenen Bereichen:

– Aus dem Bereich der Redaktion: Wie erklären wir es, daß Paulus bei der Erwähnung der Auferstehungszeugen (1 Kor 15,6-8) nur gerade Maria Magdalena wegläßt, von der doch die Evangelien ganz klar berichten, sie sei die erste gewesen, die den Auferstandenen gesehen und dies bezeugt habe?
– Aus dem Bereich bei der Textüberlieferung: Wie kommt es, daß bei den verschiedenen Lesarten von Kol 4,15 die einen Nympha als Frau bezeichnen («grüßt... die Nympha und die Gemeinde in ihrem Haus»), andere wiederum einen Mann aus ihr machen («grüßt... Nymphas und die Gemeinde in seinem Haus»)? Daß im Urtext von einem Mann die Rede war, den man durch eine Frau ersetzt hätte, ist unvorstellbar. Das Gegenteil leuchtet jedoch ohne weiteres ein. So fragt Bernadette Brooten[2], die das Beispiel anführt: «Kam es wohl einem Kopisten ungelegen, daß man eine Frau mit der Verantwortung für einen kirchlichen Auftrag betraut hatte?»

Viele weitere ähnliche Feststellungen beweisen, daß die Gegenwart von Frauen in wichtigen Ämtern der Urkirche erhebliche Schwierigkeiten verursachte, die man zu beheben suchte, indem man die Erinnerung an solche Frauen möglichst abschwächte.

2. Es soll darum gehen, die Bibel mit kritischem Blick und schöpferischer Phantasie zu lesen: Wir wollen hinter Texten, denen die Geschichte der Frauen eigentlich kein Anliegen war, eben diese Geschichte entdecken. Dabei werden Frauen auftauchen: Sie sind tüchtig, voller Tatendrang und Einsatzbereitschaft. Zugleich wird auch klar, wie stark sie im Umfeld Jesu vertreten waren und welche Rolle sie in der Urkirche spielten. Viel Neugierde und Phantasie ist erforderlich, um eine Vergangenheit wieder aufleben zu lassen, die uns nur bruchstückweise überliefert ist.

3. Wir wollen uns dabei nicht auf die Texte beschränken, in denen Frauen erwähnt werden: auch das wäre noch androzentrisch. Wir

---

2 B. Brooten, *Concilium 158*, 1980, 85.

wissen ja, daß Frauen sich bei weitem nicht nur dort finden lassen, wo von ihnen die Rede ist. Wir wollen versuchen, uns mit der patriarchalen Tradition als solcher auseinanderzusetzen:

– So messen wir zum Beispiel dem Gottesbild, das man uns anbietet, spezielle Bedeutung bei: Handelt es sich um einen patriarchalen Gott, also einen König, Herr, Gläubiger, Meister (alles Eigenschaften, die in dieser Kultur zum Mann gehören)? Frauen achten dagegen eher auf den «Weisheits-Gott»[3] der Bergpredigt, der ohne Gegenliebe liebt und keine hierarchische Macht ausübt. Sie achten auf den «Weisheits-Jesus», der in seiner Armut und Entäußerung die Gebeugten aufrichtet. All den weiblichen Gottesbildern, der *Schekinah* (Gegenwart) und der *Ruach* (Geist) des Alten Testaments, der *Chokmah/Sophia* (Weisheit) des Alten und Neuen Testaments, werden wir bei der Forschung den Vorzug geben. Es geht darum, eine Vorstellung davon zu bekommen, welche Auswirkungen diese neuen Gottesbilder auf das Leben von Männern und Frauen und auf die Gesellschaft im allgemeinen haben könnten.

– Auch den Beziehungen innerhalb der Gemeinde werden wir unsere volle Aufmerksamkeit zuwenden. Besteht zwischen den Beteiligten ein Verhältnis von Herrschern zu Untertanen? Welche Rolle spielt die Hierarchie? Wie wird Macht ausgeübt? Liegt der Akzent auf Werten wie Stärke, Effizienz, Befehlsgewalt? Die Theologin Carter Heyward[4] hat die Liebesbeziehung beschrieben, die für sie im Mittelpunkt feministischer Theologie steht. Dabei handelt es sich um eine Liebe, die auf Gerechtigkeit, Gleichheit und gegenseitiger Abhängigkeit beruht.

---

3 Griechisch: Sophia, siehe E. Schüssler-Fiorenza, *Zu ihrem Gedächtnis . . . Eine feministisch-theologische Rekonstruktion der christlichen Ursprünge*, München 1988, 179 f.f

4 C. Heyward, *Und sie rührte sein Kleid an – Eine feministische Theologie der Beziehung*, Stuttgart 1986, 185 f.

– Die patriarchale Zivilisation beschränkt Frauen außerdem auf den Bereich des Herzens, des Gefühls und des Privatlebens, während den Männern der Bereich des Geistes, der Abstraktion, der Vernunft und des öffentlichen Lebens zugewiesen wird. Die Frauen verwerfen dieses Schema; sie wollen Körper und Geist, Herz und Tat, sie wollen «ganz» sein. Und sie freuen sich jedesmal, wenn ein Mann seine partiarchalen Ketten ablegt, um selber auch ganz zu leben mit seinem Herzen und seinen Gefühlen, mit seinem Kopf und seinem Körper. In Jesus erkennen sie einen Mann, der so gelebt hat.

4. Feministische Exegese stützt sich auf die «Frauen-Kirche», eine «Nachfolgegemeinschaft von Gleichgestellten» (E. Schüssler-Fiorenza[5]), wo Frauen und Männer, die sich am Sturz des Patriarchats beteiligen wollen, gemeinsam an der Gründung einer neuen Gesellschaft arbeiten. In dieser Kirche fühle ich mich solidarisch mit allen Frauen. Solange noch eine unter ihnen durch Sexismus, Rassismus, Klassendenken unterdrückt bleibt, fehlt meinem Glauben etwas. Deshalb schließt mein theologischer Kampf auch den Kampf für die Freiheit der Unterdrückten mit ein. Darum ist die feministische Theologie eine Befreiungstheologie. Die feministische Exegese behauptet zudem, die biblischen Texte seien keine endgültigen Normen, die zu allen Zeiten genau gleich eingehalten werden müßten. Gewisse Texte hält sie für veraltet, da sie der Unterdrückung dienten. Andere wiederum werden im heutigen Kontext zu Lebensquellen.

Deswegen hat nach Dorothee Sölle und Luise Schottroff[6] «Bibelauslegung ... zwei Kontexten Rechnung zu tragen: dem eigenen Kontext und dem der Menschen, die in der Bibel zu Wort kommen. Für beide Kontexte ist der Glaube nicht zu trennen von der Alltagswirklichkeit, von der durch Wirtschaft, Politik ... bestimmten Situation der Menschen. In diese Situation trifft und

---

5 E. Schüssler-Fiorenza, a. a. O. 409 f.

6 D. Sölle – L. Schottroff, *Die Erde gehört Gott – Texte zur Bibelarbeit von Frauen*, Reinbek 1985, 8.

traf Gottes Wort». Die Exegese soll demnach nicht nur von Freiheit reden, sondern auch sagen, wer im jeweiligen spezifischen Fall befreit werden soll und wie.

II. Auslegung von Mk 6,30-44

Schon beim flüchtigen Lesen weist dieser Text darauf hin, wie die *Frauen in der Gesellschaft des 1. Jahrhunderts nach Christus ‹verschwinden›*. Das letzte Wort von Mk 6,44 heißt «Mann»: «Und die die Brote gegessen hatten, waren fünftausend Mann.» Im Paralleltext jedoch verweist Matthäus indirekt auf etwas, was wir ja ganz genau wissen: Die Frauen waren auch da, wie immer, von Jesu Geburt bis zu seiner Auferstehung. Nur sind die Frauen halt da, ohne dabeizusein; man sieht sie, ohne sie wahrzunehmen. Sie existieren nicht als Subjekte; es ist, als täten sie nichts. In unserer Erzählung wird ihnen sogar das Recht abgesprochen, im Inventar zu figurieren. Es geht den feministischen Theologinnen um die Frauen, die zum Verschwinden gebracht wurden: «Die aber gegessen hatten, waren etwa fünftausend Mann, ohne Frauen und Kinder.»

Und doch spielt ja unsere Erzählung mitten im Reich der Frauen. Als ich einer Freundin, die ebenfalls Theologin ist, von unserem Text erzählte, rief sie begeistert aus: «Dieser Text betrifft unsere fraulichen Sorgen; wie oft wird von uns verlangt, wir sollen aus nichts etwas machen!» In der Tat sehen wir Jesus und seine Jünger hier in einer Frauenrolle: Es geht darum, unerwartete Gäste zu empfangen, dazusein, wenn sie eintreffen, nachzusehen, was man auf Vorrat hat, und nach Möglichkeit alle zu bewirten. Übrigens erinnern noch viele andere Angaben in unserem Text an unsere Situation als Familienmütter: Es gibt für uns keinen Zeitplan («sie hatten nicht Zeit genug zum Essen»); wir kommen nie zur Ruhe und machen uns Sorgen, weil der Vorratsschrank leer ist und das Haushaltsgeld nicht ausreicht, um genügend Nahrung einzukaufen («Sollen wir denn hingehen und für zweihundert Silbergroschen Brot kaufen und ihnen zu essen geben?»).

Zudem geht es hier um Brot, dessen Herstellung in vielen Zivilisationen Frauenarbeit ist. Frauen haben die fünf Brote gebacken, mit denen alles seinen Anfang nimmt; wahrscheinlich haben auch Frauen die Fische zubereitet, die jetzt da auf dem Tisch liegen. Hierzu möchte ich zitieren, was Bärbel von Wartenberg-Potter in einem Artikel zum Thema «Vom Brot – und seiner theologischen Wiedergewinnung durch die Frauen» schreibt[7]: «Brot war in erster Linie den Händen der Frauen anvertraut. Sie waren es, die es im alten Mesopotamien und Ägypten zuerst am Herd zubereiteten ... Brot ist zugleich Zeichen der Fruchtbarkeit der Erde. Der runde Brotlaib gleicht dem vollen Mond, das gebackene Hörnchen der Sichel.»

Frauen sind also sehr wohl zugegen, finden jedoch im Text keine Erwähnung. Sie haben kein Recht zu reden, aber sie hören zu; es ist für sie ein bedeutsames Zeichen, daß das Brot an alle, Männer und Frauen, ausgeteilt wird. Mit solcher symbolischer Sprache geben sie ihr Wesen und ihr Wissen seit jeher weiter.

Aus Erfahrung wissen Frauen, was es heißt, nicht wirklich zu existieren; das bringt sie Jesus nahe, der auch schwach und machtlos ist; so sind sie im Gegensatz zu den unverständigen Jüngern sehr wohl in der Lage, die Macht der Ohnmächtigen und Außenseiter, die Jesus wiederaufrichtet, zu begreifen. Anders als die unverständigen Jünger, die einen schwachen, dem Tod geweihten Jesus ablehnen, verstehen ausgerechnet die Frauen das Messiasgeheimnis; sie können einen leidenden Jesus akzeptieren und bleiben bis zu seinem Tod bei ihm.

– Die Menge drängt sich zusammen; sie ist zu Fuß aus allen Städten herbeigeströmt. Hinter ihr sehe ich die Großmütter von Warschau und Bukarest in unendlich langen Schlangen stehen, um ihren Familien, wo beide Eltern einer bezahlten Arbeit nachgehen, das Nötige einzukaufen. Hinter ihr sehe ich die Flücht-

---

7 B. von Wartenberg-Potter, *Vom Brot – und seiner theologischen Wiedergewinnung durch Frauen. Skizzen aus der Werkstatt feministischer Theologie,* Junge Kirche 49, 1988, 63.

linge in den Lagern der Reihe nach mit ihren Gefäßen antreten, um ihre Tagesration in Empfang zu nehmen. Ich sehe demonstrierende Massen, die sich nach Freiheit sehnen, Tamilengruppen am Berner Bahnhof, die ihre Zeit mit gemeinsamem Warten totschlagen, junge Leute, die sich um Gurus scharen, und die unterernährten, schlecht entlöhnten, entwürdigten Frauen aus aller Welt.

– Auch die Jünger sind da; sie sind noch tüchtig und rege, trotz des langen Tages, der hinter ihnen liegt. Auf ihre Art glauben ja auch sie an Jesu Macht, an sein Organisationstalent, an seine Autorität über die Menschenmengen und daran, daß er dem Mangel zuvorkommen könnte, indem er die Leute wegschickt. Sie sind wahre Meister der patriarchalen Kultur. Sie wissen, wer befiehlt und wer gehorchen muß («Laß sie gehen!»). Sie sind mit der Macht des Geldes und der herrschenden Wertskala vertraut: Kein Geld, also auch kein Brot. Keinem von ihnen wäre es aber auch nur im Traum eingefallen, daß Jesus ein Wunder wirken könnte. Sie sprechen von Geld und gebrauchen dabei einen leicht gereizten Ton, der vermuten läßt, daß sie Jesus für wirklichkeitsfremd halten.

Ihnen, die bei Jesus zusammenkamen und ihm alles mitteilten, «was sie getan und gelehrt hatten», wird Jesus offenbaren, wer er in Wirklichkeit ist; er wird ihnen das Geheimnis seines Lebens und seiner Person offenbaren. Es fällt ihnen nicht leicht zu verstehen, was da geschieht: Wie ist er doch merkwürdig, dieser Jesus, dem nachzufolgen sie sich bemühen; er wird ihre Bitte ganz anders erhören, als sie es erwartet hatten. Sie sehen in ihm den Rabbi, den Meister, den Herrn, den tüchtigen Vorgesetzten, der allen Lebenslagen gewachsen ist.

– Ganz im Gegensatz dazu kümmert sich Jesus um die Menge wie eine Mutter: «Und er gebot ihnen, daß sie sich lagerten.» Gewiß geht es hier wie auch bei der Speisung um das Handeln eines Hirten nach alttestamentlichem Vorbild (s. Ps 23). Doch könnten verschiedene Einzelheiten dieser vormarkinischen Geschichte, eben weil sie so realistisch geschildert werden, durchaus authentisch sein. Jesus stellt fest, daß die Jünger noch nicht gegessen haben. Der Evangelist gebraucht hier ein griechisches Wort, das mir gefällt: «gute Zeit nehmen» (V. 31, in der Lutherübersetzung: «Zeit genug haben»). Das erinnert mich an etwas, das ich als Mutter einer zahlreichen Familie mühsam lernen mußte: Es dauerte lange, bis ich mir trotz Zeitdruck, Rückstand bei der Arbeit oder Forderungen, die andere an mich stellten, erlaubte, «gute Zeit zu nehmen». In einer Welt der Tüchtigkeit bedeutet eine derartige «gute Zeit» etwas Unerhörtes, sozusagen eine Provokation, ein Stück Freiheit, das man für sich in Anspruch nimmt.

Die Jünger kommen übrigens gar nicht in den Genuß der angebotenen Ruhe: Die Menschenmenge ist zu zahlreich.

– «Sie jammerten ihn.» Beim Anblick der Menschenmenge, die von überall her drängt, gebraucht Jesus als ersten theologischen Begriff das «Erbarmen». Einige Kommentatoren bemühen sich, dieses Gefühl der Zärtlichkeit in eine Tat der Zärtlichkeit umzufunktionieren. Meiner Ansicht nach wäre in dem Falle im Griechischen ein anderes Wort für das Erbarmen, das sich im Handeln ausdrückt, angebracht (nämlich *eleos,* genauso wie das Hebräische das spezielle Wort *chen* für die Liebestätigkeit verwendet). Ich würde deshalb das hier verwendete Wort in seiner ursprünglichen, starken Bedeutung übersetzen: «im Innersten betroffen sein». Es gefällt mir, daß Jesus mit seinem Körper und mit seinem Herzen gegenwärtig ist; es ist derselbe Jesus, der um den toten Lazarus weinen wird. Er ist im Innersten getroffen (wiederum schwingt eine mütterliche Komponente mit), er ist von der Verwirrung der Menge betroffen, er ist tief besorgt.

– Doch eigenartigerweise lehrt er die Menge, bevor er sie nährt. Es besteht eine enge Verwandtschaft zwischen dieser Lehre und dem Brotwunder. Bei Markus bezwecken die Wunder nicht in erster Linie die Verherrlichung Jesu, der ja im Gegenteil seine Messiantität verschweigen will; sondern sie wollen seine Worte bekräftigen und deren Wirkung zeigen (nicht umsonst charakterisiert Markus die Wunder meist als Machttaten und nicht als Ausflüsse des Übernatürlichen). Das Brotwunder wird übrigens in größter Schlichtheit geschildert. Es tritt dabei eine Macht zutage, die nur im Wohlergehen der Leute sichtbar wird: Sie setzen sich, sie essen und werden satt.

Einzig die Körbe mit den vom Festmahl übriggebliebenen Brocken zeugen von Überfülle, werden so zu Zeichen einer außergewöhnlichen Tat und sagen etwas aus über das messianische Bankett, wo in allen Dingen Überfluß herrschen wird.

– Welches Jesusbild vermittelt uns diese Erzählung? Jesus kommt mit leeren Händen. Er ist nicht der allgemeine Verteiler, der mit einem Wink seines Zauberstabes jeglichem Mangel abhilft. Er sieht auf zum Himmel und dankt Gott. Damit ist der Bezug zum täglichen Leben hergestellt: Es geht um das jüdische Tischgebet. Wie der jüdische Hausvater wendet sich Jesus an Gott. Seine Macht wird ihm gegeben. Er tut nichts Aufsehenerregendes, sondern verweist seine Gesprächspartner auf ihre eigenen, lächerlich geringen Vorräte. «Wieviel Brote habt ihr? Geht hin und seht!» Die Jünger stehen vor ihrer eigenen, bescheidenen Wirklichkeit. Sie müssen versuchen, aus nichts etwas zu machen. Jesus wird von ihrer Schwäche, von ihrem «kleinen bißchen» ausgehen. Gott arbeitet mit dem lächerlich Geringen.

Ihren eigenen Reichtum, und möge er noch so dürftig sein, müssen sie jedoch als erstes hergeben. Das gibt auch uns Antrieb im Umgang mit den eben erwähnten Menschenmengen – wir werden nochmals darauf zurückkommen.

– Welcher Art ist nun aber die Macht Jesu? Sie ist keine Zwangsgewalt und auch keine hierarchische Kraft. In Übereinstimmung mit anderen Theologien erinnert die feministische an folgendes: «Die ältesten Jesustraditionen erfassen diesen Gott der Gnade und der Güte in einer Frauengestalt als göttliche Sophia (Weisheit) . . . Die Jesusbewegung in Palästina versteht Dienst und Mission Jesu als Dienst und Mission des Propheten und Kindes der Sophia, ausgesandt zu verkündigen, daß Gott ‹der› Sophiagott der Armen und Beladenen, der Ausgestoßenen und Unrecht Leidenden ist.»[8] Die Macht Jesu ist eine Lebenskraft, eine Macht, die sich an die Schwachheit anpaßt.

– Markus sagt uns zweimal, nach beiden Brotvermehrungen (Mk 6,52 und 8,17f), die Jünger seien angesichts der Brote um nichts verständiger geworden. Die Exegeten zerbrechen sich darüber den Kopf, was es wohl gewesen sei, das den Jüngern nicht habe eingehen wollen. Das Verhalten der Jünger gibt uns wichtige Hinweise. Halten wir uns das Glaubensbekenntnis des Petrus bei Cäsarea Philippi vor Augen: Gleich nachdem er in Jesus den Messias erkannt hat, weigert er sich, die Möglichkeit in Betracht zu ziehen, daß Jesus getötet werden könne (Mk 8,27–33). Vergegenwärtigen wir uns außerdem die Jünger, die alle bei der Kreuzigung die Flucht ergreifen. Es fällt ihnen schwer, das Geheimnis Jesu zu verstehen, das darin besteht, daß «die entscheidende Identität Christi nur vom Kreuz her erfaßt werden kann».[9]

Wahrscheinlich ist es ihrer langen historischen Erfahrung von Machtlosigkeit und Unterdrückung zuzuschreiben, daß gerade Frauen Jesu Ruf zu einem Leben, das aus der Schwäche in die Auferstehung führt, begriffen haben. Es wird eine von ihnen sein, die Jesus vor seinem Tod salbt und ihn damit stillschweigend als Messias anerkennt (Mk 14,3–9). Frauen werden ihm Schritt für Schritt nachfolgen; allen Risiken zum Trotz werden sie am Kreuz bei ihm bleiben und die ersten sein, die ihn als Auferstandenen zu Gesicht bekommen.[10]

---

8   E. Schüssler-Fiorenza, a. a. O. 179 und 182.

9   J. Zumstein in seiner Einführung zum Heft «Lectures féministes de la Bible», *Foi et Vie, Cahier biblique 28*, 1989, 3.

10 J. Zumstein erörtert dieses Thema im seinem in der Fußnote 9 erwähnten Artikel.

Im weiteren möchte ich mich nun mit dem *Sinn des Brotwunders* befassen. Von der Betonung der Christologie habe ich schon gesprochen: Es ist klar, daß Jesus hier seinen Jüngern erklärt, wer er ist. Unser Text, der der Urkirche so wichtig war, daß sie ihn sechsmal in den Evangelien aufführt, läßt sich auf verschiedene Art deuten. Es lassen sich in ihm mit Recht eucharistische oder eschatologische Untertöne heraushören. Doch sollte man den Text trotzdem nicht vorschnell vergeistigen. In der Erzählung geht es um Nahrung. Sie spricht von einen Sättigungswunder, wobei zwei Arten von Hunger auftauchen:
– der Hunger einer Menschenmenge ohne Hirten nach Sinn,
– der Hunger nach Brot.

– Niemand fordert etwas,[11] es sei denn, die Menschenmenge drücke allein durch ihr stummes, beharrliches Dasein eine Forderung aus, sie steht bloß da, wie halt Menschenmengen dastehen, ohne etwas zu sagen. Im Evangelium
– ist es Jesus, der den Hunger nach Sinn deutet («sie waren wie Schafe, die keinen Hirten haben»),
– sind es die Jünger, die sich um den Hunger nach Brot kümmern. Wenn ich das Brotwunder lese, bin ich zum Sehen und zum Verstehen herausgefordert. Ich soll die Hungrigen unserer Zeit, die Flüchtlinge, die Brotlosen der vierten Welt mit den Menschenmassen zur Zeit Jesu in Verbindung bringen; ich werde gezwungen, sie mit denselben Augen, im selben Raum zu sehen.

– Unser Text ist ein Sättigungstext. Jesus lehrt die Menschenmengen; seine Lehre gipfelt in einer Handlung: Gott ist Brot, geteiltes Brot. Das geteilte Brot besiegelt die Lehre, die bei

---

11 Daß niemand etwas verlangt, das ist nach G. Theissen typisch für Wunder. Aber «die Spannung... beruht auf einem Konflikt zwischen der Resignation der Menschenmenge, die sich mit ihrem Mangel abfindet, und den Anweisungen des Wundertäters, der handelt, wie wenn kein Mangel bestünde». So geschieht das Wunder in einer Situation, «wo das Volk die Hoffnung für sich selber aufgegeben hat». A. C. Wire, *The Structure of the Gospel Miracle Stories and their Tellers»*, in Semeia 11, 1978, 98 f.

Markus dem Brotwunder unmittelbar vorangeht. In den Augen Jesu umfaßt das Reich Gottes den ganzen Menschen. Wenn Jesus sich zu erkennen gibt, werden Mann und Frau in ihrem Körper, in ihrem Herzen, in ihrer ganzen Realität aufgerichtet. Antoinette Clark Wire[12] behauptet, bei jedem Wunder herrsche ein Umfeld der Unterdrückung, das zerschlagen werde. Die feministischen Theologinnen heben hervor, es gehe bei der Exegese nicht nur darum, die historische Distanz, die uns vom biblischen Text trennt, mit einzubeziehen, sondern ebenso sehr darum, die vielleicht noch bedeutendere gesellschaftliche und wirtschaftliche Distanz ernst zu nehmen, die die Hungrigen von den Satten trennt. Jesus verkündet das Reich, das die Unterdrückung sprengt.

Ich weiß, daß ich das Brotwunder verstanden habe, wenn die Art, wie ich handle, wenn die Lieder, die ich singe, wenn die Gebete, die ich spreche, der Realität des Todes, des Hungers, der unterdrückerischen Mächte die Stirn bieten. Luise Schottroff[13] stellt fest, daß dies manchmal nicht mehr stimmt; das Lied klingt falsch, sentimental, weil wir vergeistigen. Wir verlieren dann aus dem Blick, daß der Hunger sich ständig weiter ausbreitet. Wir sind wirklichkeitsfremd geworden. Da, wo Jesus in einigen Männern oder Frauen zum Leben erweckt wird, stellt sich für diese sofort die Frage nach dem Hunger in der Welt, nach Hunger aller Art, einschließlich des Hungers nach Brot. Unser Text erinnert daran, daß sie mit all den ihnen zur Verfügung stehenden Mitteln gefordert sind, sich dafür einzusetzen, daß alle satt werden. Das Reich Gottes umfaßt die ganze individuelle und gesellschaftliche Realität.

Damit stellt sich die Frage: *Wie sollen wir handeln?* Wir sind dabei genauso hilflos wie die Jünger, die angesichts der ihnen

---

12 Siehe Fußnote 11.
13 L. Schottroff, Der Christushymnus im Kolosserbrief, in: *Die Erde gehört Gott* (siehe Fußnote 6), 124.

offenstehenden Möglichkeiten zum Schluß kommen: «Laß sie gehen.»

Deshalb will ich zum Schluß die Geschichte einer Frau erwähnen, die die Lebenskraft Jesu ernst genommen und alle Widerstände überwunden hat. Die Geschichte der Frau aus Syrophönizien (Mk 7,24–30), die zum selben Abschnitt über die Brotvermehrungen gehört (Mk 6,30–8,26), gebraucht ein sehr ähnliches Vokabular: Es geht auch hier um Brot, das da sein muß, damit alle satt werden (das Tätigkeitswort «sättigen» findet im Markusevangelium nur hier und beim Brotwunder Verwendung). «Laß zuvor die Kinder satt werden; es ist nicht recht, daß man den Kindern das Brot wegnehme und werfe es vor die Hunde», antwortet Jesus der Frau, als sie, die Nichtjüdin, um Heilung für ihre Tochter bittet und Jesus diese Heilung auf die Angehörigen seines eigenen Volkes beschränken will. Sie jedoch gibt nicht auf: «Und die Brosamen?» Sie fordert ihren Anteil, sie bohrt sich selber da einen Weg, wo Jesus nur eine Mauer sieht... und Jesus gibt nach.

Erfinderisch und schöpferisch hat sie das Unmögliche möglich gemacht. Sie hat nicht resigniert. Als nötige Ergänzung zum Brotwunder könnte sie ein Bild dafür sein, was Frauen, von denen so oft verlangt wird, ‹aus nichts etwas zu machen›, der Kirche und der Welt zu bieten hätten, wenn es eines Tages nicht mehr hieße ‹ohne Frauen...›.

Lektürevorschläge zur feministischen Auslegung
E. Moltmann-Wendel, *Ein eigener Mensch werden, Frauen um Jesus,* Gütersloh [7]1991
E. Schüssler-Fiorenza, *Brot statt Steine. Die Herausforderung einer feministischen Interpretation der Bibel,* Fribourg 1988
E. Schüssler-Fiorenza, *Zu ihrem Gedächtnis... Eine feministisch-theologische Rekonstruktion der christlichen Ursprünge,* München 1988
P. Trible, *Mein Gott, warum hast Du mich vergessen? Frauenschicksale im Alten Testament,* Gütersloh [2]1990

Kritische Anfragen an D. Jornod

Wolfgang Bittner: Es geht der feministischen Methode m. E. darum, die Botschaft der Bibel als Botschaft von der Freiheit des Menschen zu verstehen, wobei die Befreiung der Frau die besondere Aufgabe ist, an der sich heute in besonderem Maß entscheidet, ob die Befreiung des Menschen wirklich wird. Von dieser Sachmitte aus kann man dann bestimmen, welche Anliegen und Texte zum Zentrum der biblischen Botschaft gehören und welche zur Peripherie, ja, welche gar in Spannung zu dieser Mitte stehen. Ist es aber dann nicht sachgerechter, statt von einer feministischen ‹Auslegung› der Bibel von einem feministischen ‹Anliegen› zu sprechen? Nicht die Bibel bestimmt offenbar ihre Mitte, sondern das an sie herangetragene feministische Anliegen bestimmt, welche Mitte für die Auslegung der Bibel bestimmend ist. Haben dann nicht alle andern dasselbe Recht, eine andere Mitte zu bestimmen, von der aus sie die Bibel interpretieren?

Rolf Kaufmann: Mit der These, die ganze Bibel sei androzentrisch, wollen feministische Theologinnen mit der Bibel radikal neu umgehen und der Bibel ihre ganze Stärke zurückgeben. Ich halte dieses Programm für übertrieben und allzu ehrgeizig. In entscheidenden Punkten ist die feministische Theologie stark abhängig von der historisch-kritischen Methode und der Tiefenpsychologie (z. B. E. Neumann). Trotz dieses Vorbehalts halte ich den feministischen Beitrag in dieser Reihe für den lebendigsten; ich fühlte mich von vielem ganzheitlich angesprochen. «Etwas aus nichts machen» (s. o. S. 87): Für mich ein wirklich origineller Gesichtspunkt der Auslegung, welcher Wunder vielleicht auch heute noch möglich macht!

Kuno Füssel: Die feministische Exegese stellt zutreffend fest, daß die Frauen in biblischen Texten oft systematisch «unsichtbar gemacht» werden. Für mich ist die feministische Zugangsweise eine vom Standpunkt der Frau aus konkretisierte ideologiekritische Perspektive gegenüber dieser Verdrängung der Frau in den biblischen Texten. Ich denke aber, sie ließe sich mit Impulsen der Aufklärung und des Marxismus zu einer neuen, umfassenden emanzipatorischen Lektüre der Bibel verschmelzen, die nicht mehr nur geschlechtsspezifische Interessen hat. Oder fällt auch ein solches Bündnisangebot unter den Verdacht «patriarchaler» Bevormundung?

Ernst Lerle: Wovon leitet der Feminismus die Vollmacht für christliche Verkündigung und für kirchliche Wegweisung ab? Vom Willen Gottes oder vom Willen der Menschen? Es ist doch offensichtlich, daß nicht alles, worüber die Bibel berichtet, nicht einmal alles, was Jesus Christus gelegentlich befohlen hat, für uns gültige Verhaltensmuster sind. Ein Beispiel ist der geheilte Lahme von Mk 2,11, der sein Bett wegtragen muß. Gibt es aber für Christen nicht dauernd gültige Weisungen, die aus dem Gesetz Gottes kommen sowie aus der gläubigen Annahme des Evangeliums mit den in Gal 5,22 genannten Folgen? Leitet der Feminismus seine Verhaltensmuster sowie seine Programme für Aktivitäten und Aktionen aus diesen biblischen Quellen ab, oder speist er sie aus anderen Quellen? Aus welchen?

Daniel Marguerat: Die feministische Lektüre verfährt nach den Grundsätzen der historischen Kritik und profitiert von deren Fruchtbarkeit. Ihr Verdacht, daß die Geschichte der Frauen aus den biblischen Schriften ausgemerzt wurde, ist historisch bestätigt. Es läßt sich nicht leugnen, daß der Bibelauslegung durch den Blickwinkel und die Erfahrung von Frauen neue Impulse zugekommen sind. Doch das Risiko der feministischen Lektüre besteht in ihrer Einseitigkeit. Zwingt sie dem biblischen Text nicht eine Sensibilität für die Beziehungen zwischen Mann und Frau auf, die ihm fremd ist? Meist fehlt in den biblischen Geschichten, auch in Mk 6,30–44, die (moderne!) Frage nach der weiblichen Identität. Man tut dem Text Gewalt an, wenn man ihn bei der Lektüre nur auf das Schicksal der Frauen hin befragt.

Kuno Füssel

Ökonomie, Gebet und Erkenntnis der Wahrheit

Ein materialistischer Zugang zur Bibel

I. Hintergründe und Eigenart der materialistischen Bibellektüre

1. Vorbemerkungen

Wer im Markusevangelium nach der Geschichte von der «wunderbaren Brotvermehrung» weiterliest, merkt bald, daß es wohl um mehr gehen muß als um eine bloße Sättigung der Massen. Natürlich, und nicht nur nebenbei, geht es auch darum; doch es sollte dabei etwas begriffen werden. Nicht grundlos findet die Begebenheit mit geringfügiger Abwandlung der Inszenierung zweimal statt (vgl. Mk 8,1–10). Aber auch die Wiederholung scheint nicht den gewünschten Erkenntniseffekt bewirkt zu haben, sonst hätte Jesus nicht ziemlich frustriert anmerken müssen: «Versteht ihr noch nicht und begreift ihr noch nicht?» (Mk 8,17.21). Aber was sollen die Jünger und wir dabei verstehen und womöglich für unsere eigene Praxis lernen? Wie man Brot herbeizaubert, wenn alle Hunger haben? Was Jesus alles kann, weil er der ‹Sohn Gottes› ist? Daß Gott – wie es lange Zeit herrschende Lehrmeinung war – ‹Wunder› im Sinne einer Außerkraftsetzung der von ihm selbst gestifteten Naturgesetze vollbringen kann? Oder ist vielleicht doch etwas ganz anderes gemeint? Versuchen wir eine Antwort zu finden!

Warum trägt der von mir dargestellte Ansatz ausgerechnet den im deutschsprachigen Raum eher mißverständlichen und Widerspruch wachrufenden Namen ‹materialistisch›? Ist der Geist nicht der Widerpart der Materie und ‹natürlich› christlich gesinnt? Gibt es überhaupt Menschen, die sich unter dieser Perspektive der ‹Heiligen Schrift› nähern wollen? Welche Konsequenzen hat die Lektüre für das Leben des einzelnen und der Gemeinde, für die religiöse und die politische Praxis des ‹Volkes Gottes›?

2. Herkunft und Option des Ansatzes
Der Ansatz einer materialistischen Bibellektüre erhielt seinen Namen durch die Untersuchungen von *F. Belo*[1] zum Markusevangelium, mit denen er, inspiriert durch die kulturelle und politische Atmosphäre im Paris der späten sechziger Jahre, eine Grundlage für die Vermittlung von christlichem Glauben und revolutionärer Politik schaffen wollte. Er bedient sich dabei des Marxismus *(L. Althusser),* der Linguistik *(R. Barthes)* und der Kulturanthropologie *(G. Bataille).* Alle drei vereinigen sich zu einer Hermeneutik, in der die theologische Argumentation und die seelsorgerliche Zielsetzung der biblischen Texte in enger Verbindung mit ihren konkreten Produktions- und Rezeptionsbedingungen gesehen werden. Das ist ein Hauptkennzeichen des materialistischen Ansatzes.

Die materialistische Bibellektüre geht davon aus, daß literarische Texte – und dazu gehören auch die Texte der Bibel – die Wirklichkeit nicht nur unbeteiligt widerspiegeln, sondern parteilich sind und in die Konflikte des persönlichen Lebens und der Geschichte eingreifen. Im Falle der Bibel heißt dies, daß ihre zentralen Texte getragen sind von einer radikalen Option für das Leben und gegen den Tod, für einen solidarischen Kampf mit den Unterdrückten und Benachteiligten um ihre Rechte, für eine Gesellschaftsordnung, in der Herrschaft und Ausbeutung geschwisterlichen Beziehungen zu weichen haben. Dabei findet durch die Lektüre gleichzeitig eine Präzisierung der Parteilichkeit statt.

---

1 F. Belo, *Das Markus-Evangelium materialistisch gelesen,* Stuttgart 1980 (frz. Orig. Paris 1974); darüber hinaus vgl. man die Darstellung der materialistischen Bibellektüre bei M. Clévenot, durch den aus dem theoretischen Ansatz eine über ganz Europa verbreitete Bewegung wurde: M. Clévenot, *So kennen wir die Bibel nicht,* München 1978 (frz. Orig. Paris 1976).

Die inhaltliche Einheit der Bibel besteht daher darin, daß sie sich, wenn auch in oft unterschiedlicher Weise, auf die für die menschliche Existenz und Geschichte entscheidenden Grundwidersprüche bezieht: arm/reich, unten/oben, lieben/herrschen, retten/vernichten, Befreiung/Unterdrückung, Frieden/Krieg, zusammengefaßt im letzten und tiefsten Widerspruch zwischen Gott und Götzen. Wie die genannten Widersprüche erfahren und bearbeitet werden, hängt von der Sprache und den Texten ab, durch die sie sich artikulieren. Offenbarung heißt vor diesem Hintergrund, daß die menschenfeindlichen Verhältnisse und Mächte offen beim Namen genannt werden müssen, um überwunden werden zu können. Die Sprache der Offenbarung zerstört den Schein des Unvermeidlichen und entlarvt die Verfälschungssprache der Herrschenden. In diesem Sinne sind biblische Texte immer auch politisch. Entsprechend läßt sich die Bibel nicht länger als Sammlung abstrakter Wahrheiten und Normen begreifen. Sie ist ein Buch, das von einer gelingenden Befreiungspraxis berichtet und zur Weiterführung dieser Praxis ermutigen will, das aber auch die vielfältigen Gefahren des Scheiterns, Versagens und der Abkehr von diesem Weg nicht verschweigt.

Diese Einschätzung der biblischen Texte führt zu einem politisch-praktischen Standortwechsel und zur Neubestimmung theoretischer Kritik:

a) Die Geschichte insgesamt – und nicht nur die der Bibel – wird nicht länger aus der Sicht der Herrschenden und Sieger, sondern aus der Sicht der Leidenden und Opfer und gemäß ihren Bedürfnissen und Sehnsüchten gelesen, bewertet und angeeignet.

b) Diese aber werden nicht als unglückliche Individuen betrachtet, sondern als Klasse begriffen, deren Schicksal durch ökonomische und politische Strukturen bedingt ist. Neben der Macht und dem Geld bedienen sich die politisch Herrschenden der Sprache und der Ideen, um ihren Bestand und Einfluß zu sichern. Diesem Sachverhalt, den die idealistischen Auslegungen ausblenden, trägt eine materialistische Lektüre Rechnung. Das Stichwort ‹materialistisch› weist in diesem Zusammenhang darauf hin, daß die Verhältnisse und ihre begründende Deutung zugleich geändert werden müssen, damit eine umfassende Befreiung möglich wird. Gegenüber der historisch-kritischen Methode begreift sich die materialistische Lektüre daher einerseits als Weiterführung, indem sie die Frage nach dem ‹Sitz im Leben› sozio-ökonomisch zuspitzt, anderseits als Kritik, indem sie deren Arbeit am Text nach ihrem Klassenstandpunkt und ihrem Erkenntnisinteresse befragt.

3. Der gesellschaftstheoretische Hintergrund

Für eine materialistische Hermeneutik sind Texte also ein Bestandteil der gesellschaftlichen Praxis, insbesondere der kulturellen und ideologischen Produktion. Sie stehen mit den ökonomischen und politischen Verhältnissen in enger Wechselwirkung. Die ‹Sinndimension› ist aber nie bloßer Kampfplatz ökonomischer Interessen, sondern auch eine diese wieder korrigierende Instanz. So haben z. B. religiöse Ideen (wie ‹Nächstenliebe›) einen eigenständigen Wert, der über das bloße Austauschen von gleichwertigen Waren hinausführt: Das uneigennützige Helfen ist in sich schon ein Gewinn und bedarf nicht des Ausdrucks in einer Gegengabe. Die Kennzeichnung ‹materialistisch› weist nun aber im Anschluß an die Theorien von *K. Marx* und *F. Engels*[2] darauf hin, daß das gesellschaftliche Bewußtsein vom gesamten Lebensprozeß, dem gesellschaftlichen Sein, abhängig ist und daher der gesellschaftlichen Praxis ein Vorrang gegenüber reinen Theorien und abstrahierenden Spekulationen eingeräumt werden muß.

Dementsprechend läßt sich auch das Markusevangelium als politisch-kultureller Bestandteil der Gesellschaftsordnung Palästinas begreifen und analysieren. Für den Aufbau einer Gesellschaftsordnung sind im großen und ganzen die drei Instanzen Ökonomie, Politik und Kultur (Ideologie) ausschlaggebend.[3] Dies hängt damit zusammen, daß das Leben der Menschen durch

---

2 Vgl. bes. K. Marx, F. Engels, *Die deutsche Ideologie*, MEW 3, Berlin-Ost 1958.
3 Vgl. L. Althusser, *Lire le Capital*, Paris 1965 (dt. Teilausg. Reinbek b. Hamburg 1972); ders., *Für Marx*, Frankfurt a. M. 1968.

mindestens die drei folgenden grundlegenden Fragen bestimmt wird: Mit welchen Mitteln und wie ermöglichen wir unser materielles Leben und Überleben? Wie gestalten wir das Leben miteinander? Warum und wozu leben wir überhaupt?[4] Aus der Notwendigkeit, auf diese Grundfragen eine Antwort zu finden, um alles weitere regeln zu können, haben sich im Laufe der Geschichte die schon erwähnten drei Instanzen herausgebildet, die von der einfachen Stammesgesellschaft bis zur kapitalistischen Industriegesellschaft zwar in sich immer komplizierter geworden sind, aber dennoch in ihrer Verflochtenheit und wechselseitigen Beeinflussung als Grundgerüst jeder Gesellschaft angesehen werden müssen. An dieser Grunderkenntnis anknüpfend, hat der Philosoph L. Althusser Marx neu gelesen und dessen Theorie der Geschichte und der Gesellschaft weiterentwickelt. Insbesondere hat er die traditionelle Lehrmeinung, daß letztlich die Ökonomie über die Bewegungsmöglichkeiten der beiden anderen Instanzen entscheidet, erweitert und differenziert. Er hat herausgearbeitet, wie die ideologischen Deutungsmuster und die theoretisch-wissenschaftliche Erklärung der Realität auf die gesellschaftliche Entwicklung zurückwirken. Welche Form z. B. die Wirtschaft in einer Gesellschaft annimmt, hängt auch davon ab, wie sie theoretisch begründet wird und mit welchen Argumenten man die Menschen dazu bringt, sie zu akzeptieren.

In diesem Feld struktureller Wechselwirkungen funktionieren Texte und ihre Lektüre als Vermittlungsinstanz zwischen der ökonomisch-politischen Praxis der Subjekte und ihrer ideologischen Wirklichkeitsdeutung. In Texten drücken die Menschen sowohl ihr Fühlen, Denken und Handeln aus, wie auch die Texte selber dieses beeinflussen. Der Einfluß eines Textes und seines Verständnisses hängt aber nicht allein von seiner Machart, seiner

---

4 Aus diesen Grundfragen ergeben sich sofort weitere Fragen, die zur Ausbildung neuer Formen der Lebensbewältigung führen. So entwickeln sich aus der Frage der Naturnutzung für menschliche Zwecke Technik und Naturwissenschaft usw.

Struktur und seiner Botschaft auf der Bedeutungsebene ab, sondern auch von den Umständen, unter denen er aufgenommen wird. Die Lektüre muß den Text daher zu den drei maßgeblichen gesellschaftlichen Instanzen in Bezug setzen. Sie muß also danach fragen, wie die wirtschaftlichen Güter erzeugt und verteilt werden; wer mit wem um die Macht kämpft und was die herrschenden Ideen erklären bzw. verschweigen, wem sie nützen oder schaden.

4. Textverständnis und Textanalyse
Die materialistische Lektüre bedient sich des Instrumentariums bestimmter Schulen des französischen Strukturalismus[5], was durch ihren Entstehungsort Paris bedingt ist, aber methodisch gesehen nicht den Charakter der Ausschließlichkeit hat.[6]

Die Ausgangsfrage lautet, wie man die Bedeutungsstruktur eines Textes erschließen kann. R. Barthes[7], an den sich F. Belo besonders eng anlehnt, geht aus von einem Textverständnis, das den lateinischen Ursprung des Wortes ‹Text› (textum = das Geknüpfte, das Gewebe) ernst nimmt. Er versteht einen Text als Verknüpfung bedeutungsfähiger Fäden (Codes) zu einem sinnvollen Muster. Die Bedeutung des Textes erschließt sich dem, der das Webmuster kennt. Die Entschlüsselungsarbeit oder Codeanalyse bildet daher einen zentralen Bestandteil der Lektüre.

Bei Erzähltexten, zu denen ja auch die Evangelien gehören, werden zwei große Gruppen von Bedeutungsfäden (Codes) unterschieden, die jeweils an bestimmten Schlüsselwörtern erkennbar sind.

(A) Die Handlungsfäden:
1. der Aktionsfaden (AKT), der uns mitteilt, wer die Akteure sind und was sie tun;

---

5 Vgl. zur Übersicht K. Füssel, *Zeichen und Strukturen. Eine Einführung in den Strukturalismus*, Münster 1983.

6 Man könnte es prinzipiell genauso gut z. B. mit der Sprachpragmatik versuchen; vgl. dazu M. Braunroth u. a., *Ansätze und Aufgaben der linguistischen Pragmatik*, Frankfurt a. M. 1975.

7 R. Barthes, *Elemente der Semiologie*, Frankfurt a. M. 1979.

2. der analytische Faden (ANAL), der mitteilt, wie die Akteure das Geschehen deuten, was sie wissen usw.;

3. der strategische Faden (STR), der mitteilt, welche Absichten die Akteure verfolgen, welche Handlungsentscheidungen sie treffen, welche Mittel sie wählen.

(B) Die indizierenden Fäden:

1. Orts- und Zeitangaben (TOP, CHR);

2. der soziologische Faden (SOZ), der auf die gesellschaftlichen Verhältnisse verweist;

3. der symbolische Faden (SYMB), der das Werte- und Normensystem einer Gesellschaft darstellt;

4. der mythologische Faden (MYTH), durch den sich das archaische Weltbild artikuliert.

Während durch die Fäden von (A) die innere Struktur des Textes aufgebaut wird, verknüpfen die Fäden von (B) ihn mit der außertextlichen Realität, ziehen diese in den Text hinein und bearbeiten sie. Die Realität wird dadurch verständlich und auch veränderbar.

5. Das Subjekt der Lektüre

Rückblickend auf einen Zeitraum von ungefähr zwanzig Jahren ist zu fragen, wer sich im einzelnen dem Ansatz einer materialistischen Lektüre zugewandt hat. Diese Frage nach dem Subjekt der Lektüre ist nicht nur hilfreich für die Untersuchung ihrer Verbreitung, sondern sie bildet neben den theoretischen Aspekten und der politischen Option eine zusätzliche Vergleichsbasis für die in diesem Band zu Wort kommenden Positionen.

Eines ist jedenfalls aus der Perspektive des materialistischen Ansatzes klar: Die Bibel ist kein Besitzstück, über das irgendeine Gruppe ein ausschließliches Verfügungsrecht hat, sondern sie hält für alle Menschen, die sie in der Hoffnung auf Befreiung lesen, ‹Offenbarung› bereit. Darum gibt es kein privilegiertes Subjekt der Lektüre, weder die Gemeinden des Judentums und des Christentums noch allgemein die Klasse der Unterdrückten, wiewohl beide eine innere und sowohl religiös wie gesellschaftlich bedingte Nähe zu den Texten der Bibel haben.

Aus dieser theoretischen Offenheit ergibt sich bei den Subjekten der Lektüre eine große Bandbreite. Sie reicht von studentischen Arbeitsgruppen bis zu Bibelkreisen in traditionellen Kirchgemeinden, von akademischen Zirkeln bis zur Arbeiterseelsorge und von pastoralen Reflexionsgruppen bis zum schulischen Unterricht. Oft bilden sich auch Lektüregruppen ohne direkte kirchliche Bindung, die nur das Interesse am Befreiungspotential der Bibel zusammenführt (z. B. Arbeitslose oder Menschen aus der Friedensbewegung). Diese Art der Bibellektüre zerstört also nicht den Glauben, sondern könnte dazu beitragen, daß Gemeinde neu entsteht.

II. Die Ökonomie des Teilens. Lektüre von Mk 6,30–45

Die theoretischen Ausführungen bedürfen der Veranschaulichung durch die Arbeit am Text. Die Lektüre vollzieht sich normalerweise in vier Schritten: Strukturanalyse, Kontextbezug, interpretierender Kommentar und Aktualisierung. Wegen der gebotenen Kürze werden die beiden ersten Schritte und die beiden anschließenden jeweils zusammen durchgeführt.

1. Strukturanalyse und Kontextbezug
Wir teilen unsere Markusgeschichte in kleinere Szenen auf und entschlüsseln sie dann Zug um Zug.

1. Szene (Vers 30–32). Die Apostel und Jesus sind die Akteure. Ihre Handlungen (sich versammeln, künden, sprechen) haben analytischen bzw. strategischen Charakter: Die Apostel erzählen und erläutern ihre Praxis (ANAL), um Jesus davon in Kenntnis zu setzen (STR). Jesus möchte wissen (ANAL), ob seine Aussendung (STR) und damit letztlich seine eigene Praxis bereits Früchte trägt. Die Jünger werden zu ‹Aposteln› (Sendboten und Verkündern), Jesus zu ihrem Zuhörer, so wie sie selber seine Zuhörer waren. Die Akteure tauschen also vorübergehend die Plätze in ihrer Beziehung. Nicht ohne Grund ist dies wohl die einzige

Stelle im Markusevangelium, wo das Wort ‹Apostel› benutzt und damit auf die spätere Rolle dieser Jüngergruppe hingewiesen wird. Im weiteren wird wieder nur von Jüngern (und Jüngerinnen?) gesprochen. Die an die Jünger gerichtete strategische Anweisung Jesu, einen einsamen Ort (TOP/SYMB) aufzusuchen, verweist zugleich indirekt auf einen damit ins Bild rückenden neuen Akteur, die Menge der Kommenden und Gehenden (eine sehr unruhige und instabile Versammlung also), welche Jesus und seine Leute sowohl am Essen wie am Ruhen und wohl auch an der gemeinsamen Auswertung ihrer Praxis hindern. Markus hat schon früher (1,32–38) darauf hingewiesen, daß die Menge Jesus überzubeanspruchen droht und er sich daher zurückziehen muß. Auch in dieser Szene versucht Jesus gegenüber der Menge Distanz zu gewinnen und sucht mit seiner Gruppe einen einsamen Ort auf. Wir erhalten damit vier Spannungsbögen, an denen im Laufe der Erzählung gearbeitet wird: Jesusgruppe/ Menge; selber handeln/ vom anderen etwas erwarten; Nähe/ Distanz; Einsamkeit/ Öffentlichkeit.

2. Szene (V. 33). Die sich noch vergrößernde Menge beobachtet den Aufbruch (AKT), weiß ihn richtig zu deuten (ANAL) und zieht schleunigst mit Erfolg die Konsequenzen (STR). Die Menge unterläuft damit die Absicht Jesu (STR), überwindet die Distanz und verwirklicht so ihre eigene Strategie (STR), die bei Markus des öfteren (vgl. 2,1–12; 3,7–12) erwähnt wird und darin besteht, wegen seiner Taten und seiner Lehre zu Jesus zu strömen. Aus allen Städten (TOP) kommen sie, womit sich bereits die am Schluß der Erzählung angekündigte Ausweitung des Praxisfeldes Jesu andeutet.

3. Szene (V. 34). Als Jesus bei seiner Ankunft die Menge sieht, wird er von Mitleid ergriffen, denn er weiß (ANAL), was für eine miserable ‹Führung› sie hat. Er deutet (ANAL) ihr Herandrängen daher als Suche einer verwaisten Herde nach einem Hirten (STR), ändert daraufhin seine eigene Absicht (STR) und beginnt mit einer ausführlichen Belehrung. Jesus reagiert also nicht direkt auf die vermutete Absicht (STR) der Menge, sich in ihm einen besseren Führer suchen zu wollen als die momentan an der Macht befindlichen, sondern bleibt bei seinem eigenen Programm der Befreiung des leidenden, hilflosen und deswegen verführbaren Volkes von aller Fremdbestimmung und Irreführung. Jesus ist kein Führer, erst recht kein Verführer des Volkes, sondern sein Lehrer. Aber wie der Lehrer vom Schüler so ist auch der Erfolg des Wirkens Jesu vom Verhältnis des Volkes zum ihm abhängig. Am Ende des Markusevangeliums wird sich dies dramatisch zuspitzen. Geht man von der Hypothese aus, daß zu den Handlungszielen der Menge (STR) auch eine zelotische Komponente gehört (vgl. Joh 6,15)[8], dann ist das Verhalten Jesu aber auch als Vermeidung einer Identifikation mit den Zeloten zu deuten. Diese nicht direkt im Text angesprochene Auseinandersetzung mit der bewaffneten Befreiungsbewegung der damaligen Zeit würde auch verständlich machen, warum ein gemeinsames Handeln Jesu und der Menge eine ausführliche Belehrung voraussetzt.

4. Szene (V. 35–38). Der Ort (TOP) ist abgelegen, und es ist schon spät (CHR). Das wird noch einmal wiederholt; die Erzählung weist so darauf hin, daß es für die Lösung auch schwieriger Probleme nie zu spät zu sein braucht, wenn man sie richtig anpackt. Die Jünger überlegen sich (STR), wie die Menge mit Nahrung versorgt werden kann. Sie fordern Jesus auf, tätig zu werden, wobei ihnen die ihm Rahmen eines auf Geldverwendung basierenden Systems (SOZ) wohl naheliegende Lösung einfällt, die Leute zum Einkaufen zu schicken. Sie sehen eine Lösung, möchten aber, daß Jesus sie in Gang bringt. Dieser setzt jedoch ihrem Vorschlag eine andere Strategie entgegen («Gebt ihr ihnen zu essen!»), in der «kaufen» durch «geben» ersetzt wird und die

---

8 Die Zeloten sind die jüdischen Revolutionäre der damaligen Zeit, die – oft unter Führung eines Messiasanwärters – mit Waffengewalt die Befreiung Israels von römischer Herrschaft suchen. Zu den Hintergründen vgl. man K. Füssel, *Drei Tage mit Jesus im Tempel*, Münster 1987, Kap. II und die Auslegung von Mk 12,13–17.

Jünger selber zum Handeln aufgefordert werden (STR). Die Anweisung Jesu verweist auf die Tradition der Behebung von Mangel durch Ausgleich und Umverteilung, wie sie in den Bestimmungen vom Sabathjahr und Jobeljahr (Dt 15;23;24; Lev 25; Ex 23 u. ä.) in Erscheinung tritt. Damit öffnet sie gleichzeitig den Blick für eine alternative Ökonomie.

Für die Jünger (und wohl auch für alle nachgeborenen Lesenden und Hörenden) beginnt damit ein schwieriger Lernprozeß. Sie verstehen, daß sie es sind (und nicht Jesus oder die Menge), die tätig werden sollen. Aber wiederum suchen sie die Lösung im Rahmen der Geldwirtschaft: Brot kaufen für 200 Denare – das Geben-Können scheint das Kaufen-Müssen vorauszusetzen. Jesus löst auch diese Verquickung auf und ordnet dem Geben nicht das Kaufen, sondern das Haben zu: «Wieviel Brote habt ihr?» Manchmal ist man sich gar nicht bewußt, was und wieviel man hat, oder besser, wieviel das vermeintlich wenige, das man hat, für andere bedeuten kann. So tauchen neben den Broten auch noch zwei Fische auf, womit natürlich das Problem mengenmäßig nicht gelöst ist. Daß die Jesusgruppe etwas hatte, ist zu unterstellen, denn war sie nicht auch an den entlegenen Ort gefahren, um in Ruhe essen zu können? Doch darum geht es nicht mehr. Zwei unterschiedliche Formen des Mangels – die einen haben keine Zeit, die andern kein Brot, um zu essen – treffen sich zur Erfahrung ungeahnter Fülle.

5. Szene (V. 39–44). Nun erst ergreift Jesus die Initiative und befiehlt (STR), sich in Tischgemeinschaften niederzulassen, wobei die Menge (spontan oder auf Weisung, das bleibt offen) einem klaren Organisationsprinzip folgt. Beim weiteren Handeln Jesu treten zwei Körperorgane deutlich in den Vordergrund: die Hände und die Augen. Auch die Jünger werden über ihre Hände aktiviert, mit denen sie offensichtlich begreifen lernen sollen, was in ihre Köpfe nur schwer hinein will. Alles, was geschieht, vom Hunger bis zum Teilen und zum Segensgebet, reicht tief in die Körperlichkeit der Beteiligten hinein. Die Hände realisieren die Praxis des Teilens und Verteilens. Die Augen verbinden die Erde mit dem Himmel (MYTH) als dem Sitz Gottes und geben damit selber wieder zu erkennen, daß die Sättigung der Massen hinüberleitet in eine gottgewollte Ordnung: Es ist das System des Schenkens und des Erlassens der Schuld, der ökonomischen wie der moralischen.

Auf dieser Praxis der Hände und der Augen – sie können auch anders wirken, z. B. Schläge austeilen und giftige Blicke aussenden – ruht der mit dem System der Schenkung verbundene Segen Gottes: Alle werden satt, und es bleibt noch einiges übrig. In der unvorhergesehenen Tischgemeinschaft wurden alle in der Anfangsszene auftauchenden Spannungen und gegenläufigen Strategien überholt: Jesus übt die neue Ordnung des Teilens ein, die Jünger werden zu Werkzeugen in ihr, der Hunger der Massen nach Brot und nach Sinn wird gestillt. Damit das Leben gelingen kann, brauchen wir die dazu nötigen Lebensmittel, lebensdienliche Strukturen und die Erkenntnis, auf welcher Gesellschaftsordnung Gottes Segen ruht und welche den Menschen zum Fluch wird.

6. Szene (V. 45). Beginnend bei der Ökonomie hat sich ein neues Gleichgewicht zwischen den gesellschaftlichen Ebenen eingestellt. Doch dieses scheint prekär zu sein. Wie schnell kann aus der Erfahrung des Teilens die Legende von einem ‹Brotzauber› werden, aus dem hilfreichen Lehrer ein Magier, aus der Erkenntnis der eigenen Fähigkeiten zur Problemlösung die Erwartung von Fürsorge und Betreuung. Jesus scheint dieses Umkippen nicht abwarten zu wollen. Er entläßt das Volk, statt es an sich zu binden. Es treibt ihn weiter, und daher treibt er auch seine Jünger zu neuen Ufern, zur Ausweitung des Wirkraumes der soeben als segensreich erwiesenen neuen Praxis.

2. *Interpretierender Kommentar und Weiterführung*

a) Der vorliegende Text steht in einer langen Reihe biblischer Texte, in denen das Brot, das Brotbrechen und die Sättigung das materielle und symbolische Zentrum bilden.

Das Brechen des Brotes ist eine reale Handlung, steht aber als solche auch für einen tieferen und umfassenderen Zusammenhang. Diese Handlung ist für Jesus so charakteristisch, daß bei Lukas daraus das Erkennungszeichen für Jesus selber wird (Lk 24,31). Im Brechen des Brotes liegt Erkenntnis auch in dem Sinn, daß hier eine neue Gesellschaftsordnung geoffenbart wird, die als Gegenmodell zu einer vom Geldbesitz her gesteuerten Ökonomie gelten darf, die damals wie heute das Problem der Befriedigung der Grundbedürfnisse aller Menschen nicht zu lösen vermochte und vermag. Gleichzeitig wird damit eine Umorientierung der Ökonomie vom Tauschwert auf den Gebrauchswert und vom Geldwert auf den Nährwert der Dinge, Güter und Leistungen sichtbar gemacht.

Die Tischgemeinschaft unserer Erzählung greift zwar auf Speisungsgeschichten des AT zurück, sie weist auch auf das letzte Mahl Jesu voraus und darf als Sinnbild des eucharistischen Mahles gelten. Aber all diese Funktionen hätte sie nicht, wäre sie nicht das Realsymbol und damit der Anfang einer neuen Gesellschaft.

Nimmt man alle Momente zusammen, dann geht es in dieser Erzählung um nicht mehr und nicht weniger als um eine umfassende Erneuerung aller gesellschaftlichen Instanzen: der Ökonomie durch das Teilen, der Politik durch das Dienen, der Kultur bzw. Ideologie durch das Sehen-Lernen.

b) Auffällig ist, wieviel dem Text daran liegt (belegt durch eine Häufung von Zahlenangaben!), daß Jesus vor der Vollbringung des ‹Sättigungswunders› erst eine orientierungslose Masse dazu bringt, eine geordnete Gemeinschaft zu werden. Die Feststellung der Bedürfnisse und die Lebensmittelbeschaffung müssen ergänzt werden durch Strukturen, die das Verteilen ermöglichen und effizient machen. Wieviel Überfluß gibt es auf dieser Welt! Doch er bleibt ungerecht verteilt, weil die wirtschaftlichen und politischen Strukturen verhindern, daß alle satt werden. Auch in diesem Punkt ist unsere Erzählung brandaktuell. Auch das weitere Vorgehen Jesu hat Vorbildcharakter nicht nur für die Gemeinde, sondern für den heute angemessenen Umgang mit den notleidenden Massen. Jesus degradiert sie nicht populistisch zum

Stimmvieh, das ihn zum Führer und Präsidenten wählt. Er gibt keine Almosen, sondern er zeigt den Leuten, daß sie sich erst einmal richtig organisieren müssen, wenn sie der sie bedrängenden Probleme Herr werden wollen. Dazu sind allerdings Lernprozesse nötig, und das Lernen fällt schwer, damals wie heute. Bei dem Lernprozeß, den Jesus seinen Jüngerinnen und Jüngern und auch uns zumutet, wird klar, wieviel davon abhängt, daß wir die Augen richtig aufmachen, um die vorhandenen Möglichkeiten abschätzen zu können. Dazu gehört auch, daß man die Augen nach oben richtet, aber nicht um von den irdischen Problemen wegzublicken, sondern um sich aus Niedergeschlagenheit und Hoffnungslosigkeit aufzurichten und aufzublicken zu dem, der nicht will, daß die Menschen aus Mangel an Brot oder Mangel an Sinn sterben. Vom Beten Jesu können wir lernen, daß Beten keine Beschwörung Gottes und keine Ersatzhandlung ist, sondern die gespannte Aufmerksamkeit für die Anwesenheit und Nähe des mächtigen Gottesgeistes, der uns die Zuversicht gibt, daß wir auch können, was wir können müssen. Diese erhabene und unbeirrte Gewißheit wirkt Wunder.

c) In der Auslegungstradition dieses Textes wird oft von der «wunderbaren Brotvermehrung» oder einem Speisungswunder gesprochen. Handelt es sich dabei nur um eine überholte und mythologische Redeweise oder haben wir vielleicht ein falsches Verständnis von Wunder?

Wenn wir darauf achten, was im Text selber geschieht, dann fällt auf, daß nirgendwo steht, daß Jesus die vorhandenen Nahrungsmittel unter Umgehung der Naturgesetze materiell vervielfältigt hat. Das Segensgebet ist eben kein Zauberspruch. Nicht die Menge des Brotes wurde durch den Segen vergrößert, sondern die Bereitschaft zu teilen. Wer teilt, was er hat, statt es ängstlich zu bewahren, erfährt, daß nicht Mangel entsteht, sondern Überfluß. Wenn viele sich diese Einsicht zu eigen machen und nicht nur wenige (denen man dann auch noch vorwirft, daß es ja doch nichts nütze), dann kann aus dieser Erfahrung die Grundlage für eine neue Welt werden, in der Hunger und Mißgunst überwunden sind. Auch deswegen legt die Markuserzählung wohl Wert auf große Zahlen und verwendet diese nicht nur zur Unterstreichung der messianischen Macht Jesu.

Ist damit nicht das ‹Wunderbare› an dieser Geschichte wegrationalisiert? Ich glaube nicht! Vielmehr erfährt der Begriff des Wunders und auch der Wundergeschichte[9] eine inhaltliche Weiterentwicklung. Jede einzelne Wundergeschichte ist nämlich mehr als nur die Verkörperung des Typs ‹Wundergeschichte›, und ihre Lektüre erschöpft sich daher nicht in der Sammlung konstanter, charakteristischer Merkmale. Jede hat eine spezifische Problematik und führt zu einer eigenständigen Vermittlung von gesellschaftlicher Praxis, Lektüreprozeß und lesendem und verstehendem Subjekt. Wundergeschichten spielen sich eben nicht im Grenzbereich von Naturwissenschaft und Theologie, sondern an der Nahtstelle von dem bisher Machbaren und dem Wünschenswerten und Denkbaren, von Status quo und Utopie ab. Wunder sind der praktische Beweis dafür, daß es möglich ist, die Grenzen der Realität auszudehnen, wenn man die richtigen Visionen und einen starken Glauben hat.

Lektürevorschlag zum materialistischen Zugangsweg
M. Clévenot, *So kennen wir die Bibel nicht,* München 1978
K. Füssel, *Materialistische Lektüre der Bibel,* Theologische Berichte 13, 1985, 123–163

Kritische Anfragen an K. Füssel

Wolfgang Bittner: Mir scheint, es gehe hier nicht darum, den biblischen Text zu verstehen, sondern darum, ein bestimmtes soziologisches Modell, das unabhängig vom Lesen der Bibel entwickelt wurde und von ihr

---

[9] Zur Typologie vgl. man G. Theißen, *Urchristliche Wundergeschichten,* Gütersloh 1974; zum neuesten Forschungsstand und seiner Umsetzung vgl. U. Luz, *Das Evangelium nach Matthäus* (Mt 8–17), Zürich, Neukirchen-Vluyn 1990, S. 5–73.

auch grundsätzlich nicht mehr hinterfragt werden kann, mit Hilfe biblischer Texte zu artikulieren. Ist es dann nicht sachgerechter, nicht von einer Methode der Bibelauslegung, sondern von einer Methode der ‹Gesellschaftsauslegung› zu sprechen, die auf einem materialistisch-soziologischen Modell beruht und sich bloß anhand biblischer Texte artikuliert? Ist dann die Bibel nicht bloß Artikulationshilfe, die aber entbehrlich bzw. ersetzbar bleibt?

Rolf Kaufmann: Ich greife das Zitat heraus: «Es geht in dieser Erzählung um nicht mehr und nicht weniger als eine Erneuerung aller Instanzen: der Ökonomie, der Politik, der Kultur bzw. Ideologie» (MS 11). Diese Ansicht teile ich voll und ganz; aber gerade deshalb muß ich kritisch anmerken: Warum ist von praktischen Anstößen für eine solche Erneuerung so wenig die Rede im Verlauf der Auslegung? Hätten nicht ‹heiße Eisen› angefaßt und beim Namen genannt werden müssen? Ohne einen ‹Stein des Anstoßes› kommt auch kein Stein ins Rollen!

Ernst Lerle: Ist die Speisung der Fünftausend auf natürliche Weise durch die Anwendung von Ökonomie, Politik und Ideologie erfolgt? Wenn das so wäre, müßten nicht in wiederholbaren Versuchen gleiche Erfolge erzielt werden? Beweisen nicht Großversuche, wie beispielsweise der Langzeitversuch in der Sowjetunion seit der Revolution, daß es ohne Gott und ohne Christus, aber mit materialistischer und atheistischer Ökonomie, Politik und Ideologie zu keiner wunderbaren Brotvermehrung, sondern zu katastrophaler Brotverminderung kommt?

Ulrich Luz: Mir bleibt unklar, wie es die materialistische Auslgegung mit Gott hält. Mir ist sympathisch, daß diese Wundergeschichte sich nicht im Grenzbereich von Naturwissenschaft und Theologie, sondern an der ‹Nahtstelle von bisher Machbarem und Wünschbarem›, von ‹status quo› und Utopie abspielt (S. 104). Unsere Geschichte sagt aber, daß *Gott* Nahtstellen wirklich geöffnet und die in der Geschichte berichteten besonderen, wunderbaren Erfahrungen wirklich geschenkt hat. Was heißt das für die materialistische Auslegung?

Daniel Marguerat: Die materialistische Lektüre stellt die gesellschaftlichen und wirtschaftlichen Komponenten von Jesu Handeln in den Vordergrund. Sie erinnert uns daran, daß das Brotwunder von Hunger redet, von Armut und von der Güterverteilung. Darf man jedoch dem Handeln Jesu ein wirtschaftliches Verteilungssystem aufpropfen? Soll mit dem Überfluß an Brot die Tugend des Teilens veranschaulicht werden und nicht eher die Macht Gottes?

Rolf Kaufmann

Einkehr in die Wüste

Ein tiefenpsychologischer Zugang zur Bibel

I. Vorbemerkung zum Begriff «Tiefenpsychologie»

Mein eigener tiefenpsychologischer Ansatz bei der Auslegung der Bibel gründet – bei aller Freiheit im einzelnen – im wesentlichen auf den Entdeckungen von *C. G. Jung,* welche zwar bereits vor mehr als einem halben Jahrhundert gemacht wurden, in der Theologie aber erst heute eine allgemeine Bedeutung erlangen. Wenn im folgenden Text pauschal von Tiefenpsychologie die Rede sein wird, ist hier damit nur diejenige Richtung der Tiefenpsychologie gemeint, die auf C. G. Jung zurückgeht (vgl. die Literaturhinweise am Schluß). Daneben gibt es noch andere tiefenpsychologische Schulen; diese werden aber hier nicht berücksichtigt. Dies möge bitte nicht als Werturteil mißverstanden werden, sondern will der Klarheit und Verständlichkeit des vorzulegenden Textes dienen, der ja lediglich ein erstes Schnuppern am tiefenpsychologischen Zugang zur Bibel ermöglichen soll.

II. Versuch einer tiefenpsychologischen Auslegung von Mk 6,30–44

1. *Vorbereitungen (V. 30–32)*

Von ihrer Aussendung in die Welt kommen die Schüler wieder zu ihrem Meister zurück. Sie suchen die Mitte wieder, von der sie ausgegangen sind. Tiefenpsychologisch ist *Jesus* hier ein *Symbol für die Mitte,* die Versammlung des Menschen in seiner Mitte. Damit beginnt die Geschichte, die zum Heil führt. Nach der Wendung nach außen – nach einer Phase der Extraversion – folgt die Wendung nach innen – die Introversion. Wer allzu lange außer sich bleibt, verliert die Verbindung mit seiner Mitte; er ist nicht mehr bei sich selber, sondern läßt sich von einer äußeren Betriebsamkeit auffressen, von der Hektik des Alltages zersplittern. Es kann dann sein, daß auch er – nicht nur die Jünger im Text – sich nicht einmal mehr Zeit nimmt zum Essen, sondern bloß noch eilends seine Mahlzeiten – den Arbeitslunch – hinunterschlingt. Im ständigen Kommen und Gehen kommt er sich einerseits sehr wichtig vor, weil er mit seiner Tüchtigkeit unersetzbar zu sein scheint; dieses Gefühl des Stolzes befriedigt ihn ein Stück weit. Andererseits aber entrinnen ihm immer wieder Seufzer, und er beklagt sich über sein Riesenpensum, das ihm aufgebürdet sei.

Vielleicht erging es den gestreßten Jüngern ähnlich, zu denen ihr Meister sagte: «Kommet ihr allein abseits an einen öden Ort und ruhet ein wenig.» Dieser Impuls zur Sammlung aus der Zerstreuung kommt aus tieferen Schichten; er möchte uns bewahren vor einem unnatürlichen Leben und uns dorthin zurückführen, wo wir wieder wir, bei uns selber und damit auch wieder in Gottes Nähe gekommen sind. Er ist meistens ein «stiller Rufer». Wenn wir in der Mitte sind, vernehmen wir seinen leisen Hauch, wie ihn der Prophet Elia in der Höhle vernommen hat (1 Kön 19,13). ‹Zurückkommen zu Jesus› heißt offen zu werden für diese feine Stimme, ein fast unhörbares Raunen in uns, das uns den rechten Weg weisen will. ‹Wieder zu Jesus zurückkommen wie die Jünger›, das heißt tiefenpsychologisch: ‹Sich aus der Zerstreuung sammeln, sich in der Tiefe neu versammeln, sich regenerieren, um später wieder mit neuer Kraft und Ausrichtung auf die Mitte fruchtbar wirksam werden zu können.›

Viel Leerlauf in unserem Leben und im Treiben der Welt rührt daher, daß wir wähnen, wir hätten mitten im Streß doch keine Zeit, uns den (vermeintlichen) Luxus einer inneren Sammlung zu leisten. Viele Fehlhandlungen und unnütz vertane Zeit haben ihren Ursprung in der fehlenden inneren Ruhe, in der wir erst den nötigen Überblick gewinnen könnten. Mancher sehnt sich nach einer Zeit, in der er endlich einmal in aller Ruhe über alles nachdenken könnte. Aber diese Zeit wird nie kommen, wenn er sich weiterhin im äußerlichen Treiben aufsplittert; immer wird er wieder eine Ausrede finden, sich wegen seiner vielfachen ‹Pflichten› in der Welt gerade jetzt unmöglich seinem inneren Rufer zuwenden zu können. Diese ersehnte Zeit kommt erst, wenn wir sie uns nehmen. ‹Schenk dir einen Wüstentag›, flüstert uns darum ein Buchtitel zu. Jesus ist in unserer Geschichte auch ein solcher stiller Rufer. Wer sich immer wieder neu um seine Mitte sammelt, wie sich die Jünger um Jesus gesammelt haben, nachdem sie draußen tätig waren, der findet jenen Weg, den ihm Gott für sein Leben zuraunt. Wer sich dem Impuls der Wendung zur Mitte öffnet, beginnt, schöpfungsgemäß zu leben. Ganz langsam; es braucht Zeit, Übung.

Wer diese ersten drei Verse 30–32 in aller Ruhe auf sich wirken läßt, kann davor bewahrt werden, ‹workaholic› zu werden. Wer seine natürliche Selbstwerdung verfehlt, handelt sich viele Probleme ein: etwa mit dem Ehepartner und seinen Nächsten, für die er nicht immer offen ist; mit seinem Leib, der an allen Ecken und Enden zu streiken beginnt; mit seinen Nerven, die er überspannt; mit seinem Herzen, das er überfordert; mit seiner Seele, die erstickt wie die des reichen Kornbauern im Gleichnis (Luk 12,16–21); schließlich mit Gott. Vielleicht bringt ihn eine Katastrophe zur Besinnung; vielleicht aber ist es dann zu spät. Tiefenpsychologisch vertritt hier Jesus die Funktion des stillen Rufers, der uns aus der Zerstreuung zurückholt und zur Sammlung bringt.

Warum aber will Jesus seine Schüler an einem *«öden Ort»* versammeln, der an die *Wüste* erinnert? Warum besucht er mit ihnen nicht ein Dorffest, wo man allerlei Allotria treiben, sich vergnügen und zerstreuen könnte, um sich von der Hektik des Alltags zu erholen? Es gab zwar damals noch keine Fernsehapparate, deren Einschalten uns angeblich beim ‹Abschalten› hilft; aber oberflächliche Ablenkungen gab es natürlich auch schon damals. Warum dieser unwirtliche Ort? In einer biblischen Geschichte, die mit Gott zu tun hat, weist der Ausdruck «öder Ort» vielleicht auf ein religiös bedeutsames Symbol hin: Im griechischen Urtext heißt dieser Ort *eremos*. Wir kennen den Eremiten, den Einsiedler am «öden» Ort. Einsiedler lebten damals oft in der Wüste. Das Volk Israel war einst in der Wüste, 40 Jahre lang; auch Jesus, 40 Tage. In der Wüste, wo das Leben rund um uns herum fast nicht mehr existiert, beginnen wir das Leben in uns drin zu spüren. Wir können dort unser Inneres nicht mehr mit dem Rummel des Alltags übertönen; wir werden mit unseren eigenen Stimmen und Stimmungen konfrontiert.

Wenn wir meditieren, sind wir am «öden Ort»; wir können uns selber nicht mehr ausweichen. Wir müssen uns selber begegnen. Es ist nichts mehr da, das uns von uns selber ablenkt, und nun nimmt uns unser Innenleben gefangen. Unerledigtes steigt auf, Unversöhntes klopft an, bewußt beiseite Geschobenes und unbewußt Verdrängtes melden sich, kehren zurück an die Pforten des Bewußtseins und begehren Einlaß, wollen mitleben, belästigen uns, stören unseren Scheinfrieden. Alte Komplexe überfluten uns – plötzlich ist die Hölle los! Die Angst rät uns, diesen Ort des Schreckens zu fliehen. Sind wir der Urflut des drohenden Chaos gewachsen? Kann dieses Durcheinander noch geordnet werden, so wie Gott aus dem Tohuwabohu die geordnete Welt erschuf? Kann die ‹Wüste› zum *Ort der Wandlung* werden, zum Ort, an dem wir uns selber finden, Gott begegnen, an dem wir unsere bisherige Lebenshaltung überwinden und ein neues Leben beginnen können? Der «öde Ort» ist ein Symbol, das auf diese innere Wandlung vom alten, an das Treiben der ‹Welt› verlorenen, zum neuen Menschen hinweist, der nun aus seiner Mitte, aus Gott, zu leben beginnt, offen für den stillen Rufer. Die ‹Wüste› ist nicht nur in der Bibel, sondern in allen Religionen für die religiöse Entwicklung eines Menschen entscheidend. Ohne regelmäßige Zeit der Stille gibt es kein schöpfungsgemäßes Leben.

Die ‹Wüstenzeit›, eine ‹Fastenzeit›, war schon immer und in allen Religionen eine Zeit der Erneuerung unseres inneren Lebens. Ihr Wert wird heute langsam wieder anerkannt. Bereits die Tiere kennen Zeiten der Regeneration – nur wir nicht? Der «öde Ort» verwandelt sich im Verlauf der Geschichte (V. 39) ins «grüne Gras». Damit dürfte angedeutet sein, daß die Wandlung gelingt, daß Neues grünt.

Wandlung ist ein zentraler Begriff im Markusevangelium: Durch Tod und Auferstehung Jesu Christi wird der Gläubige gewandelt. Diese Wandlung wird in der christlichen Gemeinde im Ritus der Taufe der Erwachsenen dargestellt; und im Abendmahl, das in der vorliegenden Geschichte anklingt, werden die Gläubigen mit dem ‹Brot des Lebens›, das Jesus ist, gespeist und von ihm gewandelt. Wenn Jesus mit seinen Jüngern einen Ort der Wandlung aufsucht, will damit vielleicht auch angedeutet werden, daß die entscheidende Wandlung im Heilshandeln Christi bevorsteht: Bald nach dem Speisungswunder folgen die Vorhersagen von Tod und Auferstehung Jesu, sein Gang ans Kreuz, unter dem dann erstmals ein Nichteingeweihter, ein römischer Offizier, öffentlich bekennen wird: «Dies ist der Sohn Gottes.» Und danach folgen die Visionen des Auferstandenen, welche die Betroffenen beflügeln, die christliche Kirche zu gründen. Diese Wandlung vom Alten zum Neuen ist die Urkraft der jungen Kirche, die vielleicht bereits beim Symbol des «öden Ortes» anklingt. Jedenfalls wird der Leser mit der Nennung dieses Ortes der Wandlung darauf vorbereitet, daß nun Gott zu wirken und die Szene zu beherrschen beginnt.

2. Steigerung der Spannung (V. 33)

Nicht nur die Jünger fahren zum Ort der Wandlung; eine riesige Volksmenge kommt ihnen zuvor. Nicht nur der engere Kreis um Jesus braucht die Stille, um sich regenerieren und auf das Neue, auf Gott ausrichten zu können; sondern *viel Volk* hat Sehnsucht nach dem Neuen Leben aus Gott, dem Leben mit Jesus, dem Leben aus der Mitte. Die Sehnsucht nach wahrhaftem Leben ist da, weit herum, auch heute; man strömt da- und dorthin, wie eine Herde Schafe, um das beste Futter für Leib, Seele und Geist zu finden. Viele Krämer bereichern sich schamlos an dieser Sehnsucht; viele aber bemühen sich aufrichtig, sie zu stillen zu versuchen.

3. Jesus stillt die Sehnsucht nach wahrem Leben (V. 34–44)
Wie Jesus das hirtenlose Volk sieht, fühlt er Erbarmen. Echtes Erbarmen hat wenig zu tun mit dem anerzogenen christlichen Pflichtgefühl: «Armen Leuten muß man helfen.» Das Erbarmen ist ursprünglich eine instinktive Regung, die viel tiefer reicht als bloßes Pflichtgefühl. Es hat mit Wärme zu tun, mit Herzenswärme und der Wärme des Schoßes; das hebräische Wort für «Erbarmen» hängt mit «Mutterschoß» zusammen, in welchem Mütter und Väter ihre Kinder bergen, wenn diese Angst haben vor der Kälte oder Brutalität der Welt und instinktiv Schutz suchen. Dieses instinktiv begründete Erbarmen wurzelt in einer Tiefe, in der gewaltige Kräfte leben. Wer aus dieser tiefen Quelle schöpft, ist unvergleichlich stärker als der, der bloß aus Pflichtgefühl helfen will. Echtes Erbarmen ist die Quelle vieler Lebenswerke großer Menschen, die ans Wunderbare grenzen. Der geläuterte Mutter- und Vaterinstinkt befähigt uns zu Großem. Da Jesus keine Familie hatte, für die er sorgen mußte, war er frei für viele Menschen, die bei ihm Neues suchten.

Wie hilft er ihnen? Er lehrt sie vieles; er ordnet sie in überschaubare Gruppen zu hundert und zu fünfzig; er gibt ihnen zu essen, bis alle satt sind.

Was lehrt er sie wohl am Ort der Wandlung? Offensichtlich etwas, das ihr Leben verändert. Er speist die Leute nicht mit Theorien ab. Er bringt Ordnung ins Ganze. Nun können sie leben. Alte vermeintliche ‹Sachzwänge› setzt er außer Kraft durch seine neue Lehre, schafft eine neue Ordnung – und plötzlich entsteht Neues; es ist ein Wunder.

Die Speisung ist aber kein Picknick, bei dem es *nur* aufs Materielle ankommt; sie erinnert an die wunderbare Speisung des Gottesvolkes in der Wüste, an Speisungswunder des großen Propheten Elisa (welche hier noch überboten werden), sowie an das Abendmahl der Urchristen und das herrliche Freudenmahl im Gottesreich. Das materielle Essen ist ganz durchdrungen von einer geistlichen Atmosphäre. Umgekehrt ‹gipfelt› das Lehren Jesu in der handgreiflichen Speisung des Volkes; die Theorie ist durchdrungen von der materiellen Wirklichkeit. Das Geistige und das Materielle befruchten sich gegenseitig und bringen so die Neue Wirklichkeit hervor, in welcher der Mensch an Leib, Seele und Geist gleichermaßen zum Frieden kommt, ‹gestillt› wird.

Das ist wohl die Wandlung, die mit der Nennung des «öden Ortes» zuerst angedeutet wurde: Es wird eine neue Lebenswirklichkeit geschaffen, in welcher Geist und Materie, Theorie und Praxis, Himmlisches und Irdisches sich gegenseitig so durchdringen, daß der Mensch dabei ganzheitlich erlöst wird und zum Frieden kommt. *Schalom,* das Heil im umfassenden Sinne, rückt nahe heran, wird geschmeckt. Ein solches Erlebnis setzt im Menschen gewaltige Kräfte der Hoffnung und Inspiration frei. Mir scheint, das Urchristentum habe seine unwahrscheinliche Dynamik aus dieser *Vermählung* von Himmel und Erde, Gott und Welt, archetypisch Männlichem und Weiblichem bezogen. Eine solche Hochzeit könnte auch unsere Welt retten, wenn wir Christus, unsere Mitte, suchen und uns am «öden Ort» auf die Wandlung einlassen würden, die viele ersehnen, weil sie spüren: «So wie bis jetzt geht es nicht mehr weiter.» Christus, der Geist der Mitte, könnte unsere Zeit des Niederganges in eine Hohe Zeit verwandeln. Das Wunder ist möglich für die Menschen, die guten Willens sind. Dazu ermutigt die Geschichte von der wunderbaren Speisung der Fünftausend. Es geht um die fünf Milliarden, die heute auf unserem Globus leiblich, seelisch und geistig befriedigt werden möchten. Es geht ums Ganze.

Jesus stillt die Sehnsucht nach wahrem Leben – die biblische Geschichte von der wunderbaren Speisung der Fünftausend ist so arrangiert, daß sie im Leser Hunger und Durst nach wahrem Leben wecken kann. Dadurch aber kann in der Tiefe der Psyche des Lesers das zentrale Urbild des Ganzen und Heilen, der Archetyp der Vereinigung der Gegensätze berührt und in Bewegung versetzt werden, wodurch wir motiviert werden, den Weg zu gehen. Dann ist es, als ob wir selber beim Speisungswunder dabei wären oder als ob das Speisungswunder sich heute ereignen würde. Wir sind mitten in der biblischen Geschichte, und sie ist mit uns *gleichzeitig* geworden. Theologisch heißt das: «Der Heilige Geist hat den toten Buchstaben einer vergangenen Geschichte zum Leben erweckt und mich Toten neu erschaffen.» Tiefenpsychologisch: «Der die Geschichte von der Speisung der Fünftausend bestimmende Archetyp *Schalom* ist auf den Leser übergesprungen und hat dessen Archetyp *Schalom* konstelliert, so daß der Leser motiviert wird, den *Weg* zu gehen.»

Wenn einer diese Geschichte nun hört oder liest und sie auf sich wirken läßt, können bei ihm tiefere Schichten angerührt werden. Er kann nun selber ein solcher Schüler werden, der sich neu in seiner Mitte versammeln will, um von seinem inneren Meister wahrhaft gespeist zu werden. Vielleicht begibt er sich dann an einen «öden Ort», um den «neuen Adam» in sich heranreifen zu lassen, weil die Sehnsucht nach *Schalom* ihn gepackt hat.

Und vielleicht wird auch er auf diesem Weg wahrhaft gespeist wie das Gottesvolk in der Wüste, wie die Fünftausend um Jesus, wie die Gläubigen bei der Eucharistie oder in der Vollendung des Gottesreiches?

III. Was will der tiefenpsychologische Zugang?

1. Tiefenpsychologie und Glauben

Der Tiefenpsychologie als einer Wissenschaft von den tieferen, uns meist nicht bewußten Bereichen unserer menschlichen Psyche geht es darum, zu beschreiben und zu verstehen, was sich in den tieferen Gefilden unserer Seele abspielt, wie sie strukturiert sind und sich unserem Bewußtsein kundtun. Die eigentlich selbstverständliche, aber in unserem gottfernen Jahrhundert geniale und bahnbrechende Leistung von C. G. Jung besteht im empirischen Nachweis, daß in diesen Tiefenbereichen der menschlichen Psyche das Religiöse eine zentrale Rolle spielt. Nach der therapeutischen Aufarbeitung der störenden persönlichen und kollektiven Komplexe – also wenn das Ich wieder ‹normal› funktioniert – stößt man bei der weiteren Beobachtung des unbewußten psychischen Materials auf noch tiefere Schichten, die numinos und religiös sind, – aber nicht religiös in einem konfessionell einengenden Sinn, sondern sozusagen allgemein-menschlich-religiös. C. G. Jung hat in den Tiefenschichten der menschlichen Psyche die «von Natur aus religiöse Seele», eine angeborene artspezifische Disposition zur Religiosität, nachgewiesen. Daß es das gibt, hat man früher schon immer gewußt; es war eine Selbstverständlichkeit. C. G. Jung hat für uns moderne Menschen den Nachweis erbracht, daß diese Ansicht der Alten völlig zu recht bestand.

Neu an der Sicht der Religion durch die Tiefenpsychologie nach C. G. Jung ist die Art und Weise des intellektuellen Verständnisses dieser Religiosität: Die ‹jenseitigen Wesen›, die früher Himmel, Hölle und andere heilige Orte bevölkert haben, werden nun als Mächte verstanden, die aus dem *menschlichen Unbewußten* heraus wirken. Himmel, Hölle usw. werden als Projektionen erkannt, als ein Hinauswerfen von seelischen Kräften, die in uns drinnen leben. Die Tiefenpsychologie holt also alle Götter, Teufel, Engel, Kobolde, Nixen, Feen, Zwerge usw., alle metaphysischen Heerscharen, wieder an ihren Ursprungsort zurück: ins Unbewußte unserer menschlichen Psyche.

Im Verständnis der Tiefenpsychologie, die ja eine für unser Jahrhundert allgemeingültige Wissenschaft sein will, ist nun die christliche Religion *eine* Religion unter anderen, eine Spielart der archetypischen, allgemeinmenschlichen Religiosität. Jesus Christus ist für sie *eine* Verkörperung des Weges, des inneren Meisters, der *Schalom* vermittelt; das spezifisch Christliche ist für die Tiefenpsychologie als Wissenschaft zuerst einmal *eine* mögliche Erscheinungsform der allgemein menschlichen Religiosität, die ihre Geschichte hat wie andere Religionen auch.

Allerdings – und dieser Hinweis kann nicht ernst genug genommen werden! – betont C. G. Jung immer wieder, daß geschichtliche Ausprägungen einer Religion die betreffenden Völker tief beeinflussen, und daß es deshalb gefährlich ist, aus der eigenen religiösen Tradition einfach aussteigen und diese durch eine ganz andere ersetzen zu wollen. Er rät daher einem Christen mit Nachdruck, von der christlichen Voraussetzung her Religiosität echt zu leben zu versuchen, durch die christliche Tradition hindurch zum lebendigen Gott zu gelangen, so wie er einem Buddhisten rät, mit seinem Glauben ernst zu machen und die buddhistische Tradition als Ausgangspunkt seines Weges zu nehmen. Damit erreicht er zweierlei: echte Toleranz und echte Gottsuche.

Es ist also keineswegs so, wie viele Christen leider immer noch befürchten, daß die Tiefenpsychologie den Glauben bedrohe. Sie will ihn im Gegenteil echt und tief machen; aber sie versteht ihn intellektuell neu, indem sie die metaphysischen Wesen der Alten im menschlichen Unbewußten ansiedelt, dem Ursprungsland unserer Religiosität. Das historisch Einmalige wird dadurch allerdings zum Symbol, zur Chiffre für das Absolute und nicht dieses selbst. Das können alle jene nicht akzeptieren, die ihren eigenen Glauben für den einzigen und absolut wahren halten.

Es sei mir noch eine persönliche Bemerkung gestattet: Das Studium der Tiefenpsychologie C. G. Jungs hat meinen eigenen christlich geprägten Glauben erweitert und vertieft, geklärt, lebendiger und ganzheitlicher gemacht, und innerhalb der evangelisch-reformierten Landeskirche des Kantons Zürich habe ich auch einen Ort gefunden, wo ich meines Glaubens froh werden kann.

2. Stärken und Schwächen der tiefenpsychologischen Deutung

Ich bin der Ansicht, daß keiner der vielen möglichen Zugänge zur Bibel der ‹alleinseligmachende› sei. Es ist wichtig, die *Komplementarität* der verschiedenen Möglichkeiten, die Bibel auszulegen, zu sehen und Schritte zu unternehmen, diese auch in den Alltag der Kirchgemeinden hineinzutragen. Unser Erkennen ist immer einseitig, «Stückwerk»; darum bedarf es der Er-Gänz-ung durch andere Weisen des Sehens. Wenn die Kirchgemeinden damit Ernst machen, wird neues Leben von diesem Gespräch ausgehen. Viele sehen mehr als einer; und die biblische Wahrheit läßt sich nun einmal nicht mit einem Blick fest-stellen. Eine fest-gestellte Wahrheit ist immer eine armselige Wahrheit. Wahres Leben läßt sich nie end-gültig behändigen, sondern immer nur annähernd erahnen. Wir leben in einer Welt von Spezialisten, deren Bestimmung es ist, von immer weniger immer mehr zu verstehen: Diese Tatsache ruft nach dem gegenseitigen Gespräch, dem interdisziplinären Dialog. Jedes Fachgebiet hat seine Stärke und seine Schwäche. Durch die Zusammenarbeit aller können die starken Seiten zum Tragen kommen und die schwachen teilweise eliminiert werden.

Die *Stärke* einer tiefenpsychologischen Bibelauslegung ist m. E. ihre Kompetenz auf dem Gebiet unseres *Innenlebens*. Die Tiefenpsychologie ist eine Wissenschaft, die sich auf diesem Gebiet viele Kenntnisse und praktische Fähigkeiten erarbeitet hat. Mit ihrer Lehre von den Archetypen ist sie auch in der Lage, das Allgemeinmenschliche in der Tiefe der menschlichen Psyche, das vom Wandel der Zeit und Geschichte kaum betroffen wird, in einem Bibeltext zu erkennen (in unserem Text das Thema der inneren Wandlung vom «alten» zum «neuen» Menschen und der Verbindung von Materiellem und Geistigem). So gelingt es ihr, die ewige und weltweite Aktualität vieler biblischer Themen, soweit sie die Wirklichkeit unserer Seele betreffen, herauszustellen und in einer heute zeitgemäßen Sprache zu formulieren. Auf diese Weise hilft sie mit, die Botschaft der Bibel zu vergegenwärtigen.

Die *Schwäche* einer tiefenpsychologischen Exegese ist m. E. der Umstand, daß sie durch ihre Konzentration auf das Gebiet des Seelischen einen weiten Bereich der Wirklichkeit nicht oder nur undeutlich im Blickfeld hat: Das geschichtlich Einmalige hat bei ihr erst zweitrangige Bedeutung, ebenso die äußere, die politische, wirtschaftliche, soziale und ökonomische Welt. Durch eine bloß tiefenpsychologische Bibelauslegung würde auch *das spezifisch Christliche* zugunsten des allgemeinmenschlich Religiösen zurückgedrängt; denn die Tiefenpsychologie fragt nach Urmustern, archetypischen Bildern, nach allgemeinmenschlichen Symbolen, die artspezifisch vererbt und deshalb von allgemeinmenschlicher Bedeutung sind. Sie richtet ihr Augenmerk mehr auf das Allgemeine als auf das speziell Christliche. Die christliche Religion ist für sie letztlich eine Spielart und Variante der allgemeinmenschlichen Religiosität. Ihr ist die «anima naturaliter religiosa» – die natürliche, angeborene Anlage zur Religiosität – wichtiger als deren spezielle Ausformung im christlichen Glauben. Tiefenpsychologen der Jungschen Schule sind zwar religiöse Menschen, aber nicht unbedingt Christen. Auch dieser Umstand spricht für ein interdisziplinäres Gespräch.

Lektürevorschläge zum tiefenpsychologischen Zugangsweg
W. Obrist: *Archetypen – Natur- und Kulturwissenschaften bestätigen C. G. Jung*, Olten 1990
R. Kaufmann: *Das ewig Christliche*, Olten 1989 (eine tiefenpsychologische Auslegung des Apostolischen Glaubensbekenntnisses)
E. Drewermann: *Tiefenpsychologie und Exegese*, 2 Bde., Olten 1985

Kritische Anfragen an R. Kaufmann

Wolfang Bittner: Verstehe ich diesen Ansatz so richtig, daß er gar nicht am Verständnis des Bibeltextes interessiert ist, sondern am Selbstverständnis des Menschen durch den Bibeltext? Kann man sagen, daß es sich hier im Grunde genommen nicht um eine Methode der Bibelauslegung, sondern der ‹Menschenauslegung› handelt, die sich im Licht der Bibel ergibt? Wie begegnet die tiefenpsychologische Auslegung dann dem Einwand, daß es ihr gar nicht um das Licht der Bibel geht, in dem sich der Mensch selbst verstehen lernt, sondern um das Licht eines tiefenpsychologischen Menschenbilds, das zunächst gar nicht in der Bibel wurzelt, aber mit Hilfe biblischer Details (die letztlich entbehrlich sind) ausgedrückt wird? Geht es dieser ‹Auslegungsmethode› wirklich um eine Auslegung der biblischen Texte?

Kuno Füssel: Droht dem tiefenpsychologischen Zugang bei aller dankbar angenommenen Komplementarität nicht die Gefahr, der Gefangene einer geschichtslosen Seelenmetaphysik zu werden und den Rückweg ins gesellschaftlich Konkrete nicht mehr zu finden? Sind die ‹Archetypen› wirklich Kategorien, die es erlauben, die geschichtliche Einmaligkeit der biblischen Ereignisse zu erfassen?

Ernst Lerle: Aus welcher Quelle ist die Behauptung entnommen worden, das Weltbild der Bibel sei archaisch? Rudolf Bultmann hat zwar sein Entmythologisierungsprogramm mit der Behauptung eingeleitet, die Bibel enthalte ein dreistöckiges Weltbild mit einem Wohnsitz Gottes im obersten Stockwerk und einer Hölle unter der Erde. Doch in der Bibel steht etwas ganz anderes, beispielsweise in Psalm 139,1–10 oder in Jes 57,15. Ist die Behauptung über ein angeblich archaisches Weltbild der Bibel im Lichte solcher Bibelstellen noch haltbar?

Ulrich Luz: Zur – sich nicht selbst absolut setzenden – psychologischen Auslegung, wie sie hier dargestellt ist, kann ich voll ja sagen. Ich möchte nur einen Punkt stärker herausheben: Psychologisches ‹Wissen› über die menschliche Seele ist ja keineswegs sicheres ‹Wissen›, sondern besteht aus einer Vielzahl therapeutisch erprobter Hypothesen, Bilder und Konstrukte über die Seele. Es gibt eine Vielzahl psychologischer Schulen und psychologischer Interpretationsansätze. Sie haben alle ihr relatives Recht. Man kann vielleicht sagen: Sie haben insoweit ein relatives Recht, als sie in heutigen LeserInnen das bewirken, was der Text bei seinen ursprünglichen Leserinnen bewirken wollte. Damit beschäftigt sich die historisch-kritische Methode. Sie bleibt m. E. als kritisches Gegenüber zu den verschiedenen psychologischen Interpretationen eines Textes wichtig.

Daniel Marguerat: Mit Recht achtet die psychologische Lektüre auf die wichtigen Symbole des biblischen Textes und auf den Widerhall, den solche Symbole tief drinnen im Leser finden. Aber wie trägt man dem besonderen historischen Charakter der Offenbarung Rechnung, wenn durch den Text Archetypen erschlossen werden, die die ganze menschliche Geschichte durchziehen. Macht man nicht Jesus zu einem Lehrer der Spiritualität? Die historische und konkrete Bedeutung des Textes läuft Gefahr, sich in eine bloße Einladung zur Selbsterkenntnis zu verflüchtigen.

Ulrich Luz

Sind die verschiedenen Zugangswege zur Bibel unvereinbar?

In der Kirche stehen die in diesem Buch vorgestellten Zugangswege nebeneinander. Sind sie unvereinbar, so daß es zum Streit zwischen ihnen kommen muß? Ist der Streit zwischen ihnen so geartet, daß er dazu führen muß, daß Kirchgemeinden sich spalten, Kirchentüren sich schließen und verschiedene theologische Ausbildungsstätten (wie etwa die theologischen Fakultäten und die FETA) entstehen müssen?

Die Leserinnen und Leser der vorangehenden Aufsätze werden gedacht haben: Vieles, was die Autorin und die Autoren sagten, ergänzt sich gut. Die verschiedenen Zugangswege bringen den Reichtum des Textes zum Vorschein. Der Text scheint viele verschiedene Sinnpotentiale zu enthalten, so daß die verschiedenen Zugangswege wie verschiedene Lampen sind, die ein und dasselbe Relief von sehr verschiedenen Seiten her beleuchten. Insofern ergänzen sie einander, d. h. sind sie «komplementär».

Manchmal aber haben die Autorin und die Autoren so verschiedene Interessen, daß sie am Text vorbeizureden scheinen. Kuno Füssel interessierte sich für die gerechte Verteilung von Überfluß und Mangel auf der Welt. Ist das das Interesse des Textes? Denise Jornod sprach von den Frauen und Müttern und dem, was sie tun und erfahren. Aber der Text spricht ja gerade nicht von ihnen! Rolf Kaufmann sprach von der inneren Wandlung, die unser Text heute bei Menschen auslösen will. Der Text aber sprach von einer äußeren Sättigung. Sind in solchen Fällen die Auslegungen noch Ausdruck des Reichtums des Textes, so daß sie sich ergänzen, oder muß man hier im Namen des Textes gegen sie protestieren? Sind sie berechtigte unterschiedliche Anwendungen eines und desselben Textes in die Lebenssituation verschiedener Menschen, oder zeigen sie, wie die eigenen Interessen der AuslegerInnen die Eigenaussage der Texte vergewaltigen?

Manches aber war wirklich unvereinbar. Ich nenne als ein Beispiel die Frage, ob die Speisung der Fünftausend wirklich geschehen ist. Der Fundamentalist Ernst Lerle bejaht die Frage mit Entschiedenheit; sie ist für ihn die entscheidende Frage. Auch der Evangelikale Wolfgang Bittner bejaht sie deutlich. Daniel Marguerat als Vertreter der historisch-kritischen Methode scheint hier um den heißen Brei herumzureden. Von den übrigen AutorInnen sagt Kuno Füssel am deutlichsten: Was auch immer passiert sein mag – sicher nicht ein Wunder im Sinn einer Durchbrechung der Naturgesetze. Für Denise Jornod und Rolf Kaufmann scheint diese Frage gar nicht zu existieren. Hier haben wir also einen deutlichen Gegensatz. Er besteht aber nicht einfach darin, daß einige AutorInnen eine Frage bejahen und andere sie verneinen. Vielmehr zeigt er sich auch darin, daß für einige AutorInnen überhaupt keine Wichtigkeit hat, was für andere entscheidend ist. Die Frage nach Vereinbarkeit und Unvereinbarkeit der verschiedenen Zugangswege kann also nicht nur auf der Oberfläche der gegebenen Antworten gestellt werden. Vielmehr müssen wir tiefer schürfen. Dem dienen die folgenden Überlegungen.[1]

---

1 Sie sind eine Frucht unserer Gespräche auf Schloß Hünigen und verdanken ihnen viel. Die Autoren der voranstehenden Beiträge haben sie gelesen und kommentiert. Aber das heißt nicht, daß sie nun alles unterschreiben könnten, was ich über sie sage. Genauso wenig, wie es einen alleinrichtigen Zugangsweg zur Bibel gibt, genauso wenig gibt es eine «objektive» Verhältnisbestimmung zwischen den verschiedenen Zugangswegen. Meine Ausführungen werden unweigerlich *mein* Verständnis der verschiedenen Zugangswege und damit auch *meinen* eigenen Standort spiegeln. In bin Universitätstheologe; die historisch-kritische Exegese ist mein Geschäft. Ich kann mit feministischer, materialistischer und psychologischer Auslegung, so wie ich sie verstehe, relativ viel anfangen. Ich bin aber kein Fundamentalist; ich bin auch kein evangelikaler Theologe. Ich sehe aber in diesen beiden Zugangswegen wichtige Anliegen und echte Anfragen.

I. Das Verhältnis von historisch-kritischer, materialistischer, feministischer und psychologischer Auslegung

Historisch-kritische Exegese ist für mich ein *Teilschritt* im Vorgang des Verstehens (s. o. S. 26). Sie schiebt den Text von uns weg, zurück in die Vergangenheit, in seine Ursprungssituation. Damit hält sie ihn uns auch vom Leibe: Sie fragt nicht, was er uns angeht, sondern was er das Volk Israel, die Korinther, den Philemon usw. anging. In einem unserer Diskussionsprotokolle heißt es von ihr: «Sie zerschneidet das Kaninchen entzwei und examiniert es; so lernt man vieles, aber das Kaninchen ist tot.» Der Theologe Ernst Fuchs beschrieb diesen Sachverhalt mit folgendem Bild: Der wissenschaftliche Exeget verfährt wie ein Tierarzt, der die Kuh zuerst schlachten muß, um sagen zu können, was ihr gefehlt hat.[2] Mit anderen Worten: Der historisch-kritische Exeget *erklärt* den Text, aber er *versteht* ihn nicht hier und heute. Er beschreibt die geschichtliche Distanz, die zwischen uns und dem Text besteht, aber er kann sie nicht überspringen (s. o. S. 19 f., 26). Historisch-kritische Exegese ist eine *Ex*plikation (Erklärung), aber keine *Ap*plikation (Anwendung) des Textes. Sie ist ergänzungsbedürftig. Irgend jemand muß das von ihr geschlachtete Kaninchen wieder zum Leben erwecken.

Können das die *psychologische*, die *feministische* oder die *materialistische Auslegung* leisten? Ich denke, je auf ihre Weise ja. Diese drei Auslegungen der Speisungsgeschichte enthalten je eine Applikation unseres Textes. Sie geben den vergangenen Text dem Leben zurück, so daß er plötzlich wieder in den Alltag heutiger Menschen hinein zu reden anfängt. Wo liegen die Unterschiede zwischen den drei Zugangswegen? Ich denke: Sie betonen je verschiedene ‹Brennpunkte› *des Lebens:* Die materialistische Auslegung hat es vor allem mit seinem leiblich-ökonomisch-sozialen Brennpunkt zu tun, die psychologische vor allem mit seinem persönlich-psychisch-innerlichen; die feministische Exegese hat an beidem teil, wobei sie das ungleiche Verhältnis

---

2 E. Fuchs, *Marburger Hermeneutik,* Tübingen 1968, 18.

zwischen Frauen und Männern in unserer Gesellschaft in den Vordergrund rückt. Man kann diese drei Brennpunkte des Lebens anthropologischen Dimensionen zuordnen: Dann hat die psychologische Auslegung eine besondere Nähe zum Gefühl, die materialistische Auslegung eine besondere Nähe zum Handeln, die feministische Auslegung eine besondere Nähe zum Geschlecht des Menschen.

Was heißt: «Brennpunkt» des Lebens? Nicht alle Menschen «brennt» das Leben gleich. Ein Hungernder schreit nach Brot; eine in unserer Gesellschaft am Rande stehende Frau schreit nach der Möglichkeit, als Frau sie selbst sein zu können; ein gestreßter Macher schreit nach der Möglichkeit, loslassen zu dürfen. Das sind alles Schreie nach Ganzheit, aber sehr verschiedene und sehr konkrete. Von «höherer», abstrakter Warte aus könnte man sagen: Das Essen bzw. das Materielle, das Frau-(oder Mann-)Sein bzw. das Geschlecht oder die Einkehr zu sich selbst bzw. das Psychische sind Teilbereiche des Lebens. Das ist richtig, aber zugleich falsch, denn jeder Mensch erfährt die Ganzheit des Lebens an dem Punkt, wo ihn/sie das Leben brennt, z. B. im Satt-Werden, im Frau-Sein oder in der Freiheit von und zu sich selbst. Ähnlich könnte man sagen, daß die materialistische, die feministische und die psychologische Exegese je einen Aspekt des Lebens in den Vordergrund rücken. Aber das ist nur abstrakt richtig: In Wirklichkeit ist es so, daß für die meisten Menschen ihr Zugangsweg zur Bibel gar nicht frei wählbar ist, so wenig wie die Nöte und Brennpunkte ihres Lebens es sind. Der Weg zur Ganzheit des Verstehens führt für verschiedene Menschen jeweils über einen besonderen Zugangsweg, der dem Brennpunkt ihres Lebens entspricht.

Aber genau deswegen ergänzen sich diese Zugangswege gegenseitig. Sie sind also nicht exklusiv, sondern komplementär. Sie schließen sich so wenig aus, wie die Not von Hungernden und Ausgebeuteten, die Not von Frauen und die Not übersättigter Macher sich ausschließen. Ihre Komplementarität hörte erst dann auf, wenn ihre Vertreterinnen und Vertreter andere Not nicht mehr wahrnähmen, bagatellisierten oder verdrängten. Sie hörte dann auf, wenn z. B. materialistische Exegeten sagten: Die Welt des Materiellen und Ökonomischen hat grundsätzlich den Vorrang gegenüber allem anderen; alle geistige oder psychische Wirklichkeit ist aus ihr ableitbar. Sie hörte dann auf, wenn psychologische Exegeten behaupteten, daß im Bereich des Sozialen oder des Ökonomischen letzte Tiefen des Lebens nicht erfahren werden können, oder wenn feministische Exegetinnen die Befreiung der Frauen nicht mehr mit der Befreiung der sozial Armen oder der psychisch entfremdeten Menschen verbinden könnten. Weder Denise Jornod, Kuno Füssel noch Rolf Kaufmann vertraten m. E. einen solchen exklusiven Ansatz. Sie ließen die Frage, was denn der Mensch im ganzen und im letzten sei, offen.[3] Sie definierten den Menschen nicht, sondern ließen jeden Menschen seine Brennpunkte und Sehnsüchte aussprechen. Deshalb ergänzen sich ihre Zugangsweisen.

Das gilt im Prinzip auch gegenüber der historisch-kritischen Exegese. Allerdings scheint mir hier das Verhältnis komplizierter und nicht bei allen drei Zugangswegen genau gleich. Feministische Exegetinnen etwa überlassen das Feld der Geschichte nicht einfach den historisch Kritischen, sondern sie beschäftigen sich selbst auch mit ihr, aber von einem besonderen Blickpunkt aus: Es geht ihnen darum, die Geschichte der Frauen in der vorwiegend von Männern geschriebenen und vorwiegend von Männern erzählenden Bibel zu entdecken. Es geht ihnen um die «her-story», nicht die «he-story»[4]. Materialistische Exegeten fragen in erster Linie nach den Armen in der Geschichte, nach den Unterdrückten und nicht den Herrschern, nicht nach denen, die die Geschichte gemacht haben, sondern nach denen, die in ihr getreten wurden und werden (s. o. S. 92 f.). Sie beide beschäftigen sich also *auch* mit Geschichte, aber je unter einem bestimmten Blick-

---

3 Vgl. bes. Füssel, S. 94, Jornod, S. 78, Kaufmann, S. 113. Denise Jornod schreibt mir allerdings kritisch: «Die Frauen hoffen, daß die feministische Auslegung eines Tages die Auslegung von allen sein wird. Sie ist nicht *eine* neben anderen *mögliche* Auslegung.»

4 Vgl. Jornod, S. 74. Im Englischen wird «Er-Geschichte» (he-story) und «Geschichte» (history) gleich ausgesprochen.

winkel, der ihnen von ihren eigenen Erfahrungen in der Gegenwart und von ihrer Sicht der Geschichte vorgegeben wurde. Sie sind wertend und parteilich. Demgegenüber erhebt die historisch-kritische Exegese den Anspruch, einen Text in *allen* seinen historischen Aspekten zu erklären. Sie fragt also nicht nur nach der Frauengeschichte, sondern auch nach der Männergeschichte, nicht nur nach der Geschichte der Unterdrückten, sondern auch nach der Geschichte der Herrscher, nicht nur nach der Sozialgeschichte, sondern auch nach der Geistes-, Ideen- und Frömmigkeitsgeschichte. Sie ist tendenziell universal, offen und neutral. Oder sie will das wenigstens sein. Faktisch ist sie das oft nicht; und genau das werfen ihr Feministinnen oder materialistische Exegeten vor: Indem sie *scheinbar* unparteiisch ist, verschleiert sie ihre eigene Parteilichkeit. Indem sie scheinbar neutral ist, verschleiert sie ihren eigenen Standort. Feministische und materialistische historische Forschung will also durch ihre eigene Parteilichkeit die scheinbare Unparteilichkeit der historischen Kritik aufzeigen und so zur Erfassung der *ganzen* Wirklichkeit beitragen. In der Tat: Historisch-kritische Exegeten, meistens Männer in gesicherten Positionen an Universitäten, haben lange überhaupt nicht gemerkt, daß in den von Männern geschriebenen biblischen Texten Frauen fast nicht vorkommen. Sie haben sich für urchristliche Religion und urchristliche Theologie viel mehr interessiert als dafür, wie die urchristlichen Gemeinden in ihrem Alltag lebten. Darum verstehen sich feministische und materialistische Exegese nicht einfach als eine Ergänzung zur historisch-kritischen Exegese, sondern auch als ihr Korrektiv; sie verstehen ihre Arbeit nicht einfach als Beschäftigung mit einem Teilaspekt der Wirklichkeit, sondern als Versuch, durch die Beschäftigung mit einem ‹Brennpunkt› das Ganze besser zu erfassen. Darum können feministische oder materialistische Forscherinnen die Geschichte nicht einfach den historisch-kritischen Exegeten überlassen.

Das Verhältnis zwischen der psychologischen und der historisch-kritischen Exegese sieht etwas anders aus. Rolf Kaufmann bot in der ursprünglichen Fassung seines Beitrages eine kurze historisch-kritische Exegese, der dann die psychologische Exegese folgte. Nach der Lektüre des Beitrags von Daniel Marguerat sagte er: «Nun hat Herr Marguerat das so schön gemacht, daß ich diesen Teil weglassen und mich auf das Psychologische beschränken kann!» Hier bestand also offenbar kein Bedürfnis nach einem Korrektiv. Vielmehr schien eine schlichte Arbeitsteilung möglich. Ich kann das schiedlich-friedliche Verhältnis aber auch anders interpretieren: Das Interesse psychologischer Exegeten an historisch-kritischer Exegese ist in der Regel nicht sehr groß. Der Ertrag der historisch-kritischen Exegese für die psychologische Exegese wird meist als nicht sehr hoch eingeschätzt. Warum? Die Interessen beider Zugangswege scheinen weit auseinanderzugehen. Historisch-kritische Exegese interessiert sich für das Äußerliche: für die Manuskripte und Urkunden, den Aufbau und die Aussage von Texten oder für ihre Entstehungssituation; psychologische Interpretation interessiert sich für das Innerliche, das man mit historischen Mitteln gar nicht feststellen kann. Historisch-kritische Exegese interessiert sich für das geschichtlich Besondere, die Besonderheit eines Textes oder die Einmaligkeit einer geschichtlichen Situation. Psychologische Interpretation dagegen interessiert sich für das menschlich Allgemeine, für die psychischen Grundstrukturen und Grundprobleme der menschlichen Seele, die damals wie heute in Amerika, Europa, Asien oder Afrika die gleichen sind. Historisch-kritische Interpretation interessiert sich für das Besondere des jüdischen oder christlichen Glaubens. Psychologische Interpretation dagegen interessiert sich für das allgemein Menschliche in den verschiedenen Religionen. Historisch-kritische Exegese interessiert sich zunächst für das, was in der Vergangenheit geschehen ist und in den Texten berichtet wird. Psychologische Interpretation fragt eher, was menschliche Kreativität und Phantasie aus den Berichten über das damals Geschehene gemacht haben. Sie fragt nach den mythischen Bildern, die sich der Geschichte bemächtigten. In diesen unterschiedlichen Interessen liegt ein latentes Konfliktpotential. Es kann sich so äußern, daß historisch-kritische und psychologische Interpretation von vergangenen Texten aneinander vorbei existieren und sich gegenseitig nicht zur Kenntnis nehmen. Es hat sich so geäußert, daß historisch-kritische und psychologische Interpretation sich bekämpften.[5] Die Schwierigkeit, beide Auslegungsweisen füreinander wirklich fruchtbar zu machen, liegt wohl darin, daß zur Zeit kaum anthropologische Modelle existieren, die das Leben in der «Äußerlichkeit» der Geschichte und in der «Innerlichkeit» der Seele integrieren.

Wir können zum Schluß dieser Überlegungen versuchen, die produktive Kraft, die die verschiedenen Zugangswege füreinander darstellen könnten, an einigen Punkten zu umschreiben:

– Feministische, materialistische und psychologische Exegese können die historisch-kritische Exegese vor Sterilität und Belanglosigkeit bewahren.

– Psychologische, materialistische und feministische Interpretation haben die Aufgabe, die Experten der historisch-kritischen Interpretation ins wirkliche Leben hineinzuziehen.

– Psychologische Interpretation hat ihre Stärke darin, daß sie den Zuspruch, materialistische Interpretation darin, daß sie den Anspruch der Texte deutlich machen kann.

– Feministische und materialistische Interpretation können die historisch-kritische Interpretation darauf aufmerksam machen, daß ihre Offenheit auch Blindheit sein kann und daß ihre Unparteilichkeit vielleicht bedeutet, daß sie den falschen Herren dient.

– Psychologische, feministische und materialistische Interpretation können einander davor bewahren, den Menschen einlinig und einseitig zu definieren.

– Historisch-kritische Interpretation kann psychologische, feministische und materialistische Interpretation davor be-

---

5 Vgl. etwa das mißglückte «Gespräch» zwischen R. Pesch und G. Lohfink (*Tiefenpsychologie und keine Exegese*, SBS 129, Stuttgart 1987) und E. Drewermann (*An ihren Früchten sollt ihr sie erkennen*, Olten ³1988).

wahren, die Texte von den eigenen Interessen her zu vereinseitigen und zu verfremden (s. o. S. 25).

– Historisch-kritische Interpretation kann psychologische Interpretation auf die Besonderheit des christlichen Glaubens aufmerksam machen, die den Menschen geschichtlich vorgegeben ist; psychologische Interpretation kann die historisch-kritische Interpretation darauf aufmerksam machen, wie das geschichtlich Vorgegebene für die Menschen bedeutsam wird.

Hinter diesen Sätzen stehen für mich zwei grundlegende Überzeugungen, die ich nicht weiter begründen möchte, die aber m. E. mit den biblischen Texten selbst in Übereinstimmung stehen, nämlich:

1. Für mich ist der Sinn biblischer Texte unabgeschlossen und mehrdimensional: Biblische Texte haben gegenüber allen menschlichen Interpretationen einen Sinnüberschuß; der immer wieder neu entdeckt werden darf.

2. Für mich ist der Mensch etwas Offenes und Unabgeschlossenes: Der Mensch kann nie abschließend durch eine Theorie definiert werden, sondern darf sich immer wieder neu selbst entdecken und entwerfen.

II. Das Verhältnis des fundamentalistischen zum evangelikalen Zugangsweg

Gegenüber diesen vier Zugangswegen haben der fundamentalistische Zugangsweg und der evangelikale Zugangsweg nach meiner Wahrnehmung einiges gemeinsam:

1. Beide Zugangswege betonen, daß die Wahrheit der biblischen Botschaft in der *Geschichte* liegt, d. h. in «der vorgegebenen Wirklichkeit» Gottes «außerhalb des Ich» (s. o. S. 48). Was die Bibel sagt, wird nicht erst durch die Zustimmung des glaubenden Menschen wahr. Glaube bedeutet vielmehr: Ja zu sagen zu den großen Taten Gottes in der Geschichte Israels und Jesu

Christi, die auch abgesehen von unserem Glauben wahr sind. Fundamentalistische und evangelikale Exegese fragt also nach dem, was den Glauben begründet.[6] Christlicher Glaube ist nicht subjektiv begründet. Darum ist die Frage nach der Geschichte, die die biblischen Texte erzählen, für sie grundlegend wichtig, denn in der Geschichte stoßen wir auf das Handeln Gottes. Dieses Handeln ist unendlich viel wichtiger als alle seine menschlichen Interpretationen. Hier unterscheiden sich beide Zugangswege von den übrigen: Die historisch-kritische Interpretation fragt zwar *auch* nach dem Berichteten *hinter* den Texten, aber sie muß die Frage offenlassen, ob nun die Geschichte oder ihre Interpretationen in den biblischen Texten, das Berichtete oder die Berichte, wichtiger sind. Für die tiefenpsychologische Interpretation ist die Frage nach der kreativen Phantasie wichtig, die in den Berichten zu Worte kommt. Auch für Feministinnen und materialistische Exegeten ist die Entstehung und die Aussage von Texten, die befreiende Kraft haben, mindestens ebenso wichtig wie das hinter den Texten stehende Ereignis. Dieser Unterschied hängt damit zusammen, daß für Fundamentalisten und Evangelikale das Wirken Gottes in der Geschichte Israels und Jesu Christi klar und eindeutig erkennbar wird, während die VertreterInnen der übrigen Zugangswege sagen würden: Die Entscheidung darüber, ob und wie in dieser Geschichte Gott wirklich gehandelt hat, ist eine Frage des Glaubens. Für Fundamentalisten und Evangelikale dagegen ist die dem Glauben «objektiv» vorgegebene Geschichte wichtiger als unsere «subjektiven» menschlichen Interpretationen.

2. Das führt zu einem anders akzentuierten Verständnis der *Bibel:* Für Evangelikale und Fundamentalisten ist die Bibel *an sich* ein besonderes Buch, weil sie diese ganz besondere Geschichte Gottes bezeugt. Das hat Konsequenzen: Für Fundamentalisten ist auch der Wortlaut der Bibel von Gott durch den

---

6 Theologisch formuliert: Sie fragen nach dem «extra nos» des Glaubens, d. h. nach «dem außerhalb unserer selbst Liegenden». Damit nehmen sie ein zentrales Anliegen der Reformatoren auf.

Heiligen Geist eingegeben (inspiriert). Für einen Evangelikalen sind die innerbiblischen Zusammenhänge viel wichtiger als alle außerbiblischen Parallelen (s. o. S. 59). Für die Vertreter der übrigen Zugangswege ist die Bibel nicht an sich ein von anderen Büchern verschiedenes Buch, und sie hat ihre Besonderheit auch nicht bereits durch das, was sie berichtet (die Geschichte Gotamo Buddhas ist für Buddhisten genau so «besonders» wie für uns die Geschichte Jesu). Vielmehr ist die Bibel nach ihnen ein besonderes Buch, weil sie *für sie* mehr als andere Bücher *bedeutet*. Für Evangelikale und Fundamentalisten dagegen ist die Besonderheit der Bibel nicht eine Frage unseres Urteils über sie, sondern ihres Inhalts.

3. Die dritte gemeinsame Tendenz betrifft die *Unterscheidung von Interpretation und Applikation*. Wir hatten alle Autoren gebeten, nicht nur eine «Interpretation», sondern auch eine «Applikation» der Speisungsgeschichte zu schreiben. Unter «Applikation» verstanden wir dabei, daß die AutorInnen sagen sollten, was diese Geschichte für sie selbst, heute, bedeute. Der fundamentalistische Zugangsweg aber kann nicht so zwischen Interpretation und Applikation unterscheiden.[7] Die Treue zu Gott, der in der damaligen Geschichte einmalig gehandelt hat, verbietet es ja gerade, aus dem vorgegebenen Text in neuer Situation etwas Neues zu machen. Jede Applikation steht, wie Ernst Lerle einmal sagte, in der Gefahr, einem Text eigene, mitgebrachte Programme zu überstülpen. Darum sprach er lieber von «Verkündigungsgehalt» statt von «Applikation« (s. o. S. 44 ff.). Anders, aber tendenziell ähnlich ist es bei der evangelikalen Interpretation: Wolfgang Bittner beschränkt sich auf ein meditierendes *Nach*erzählen der Geschichte; was nachher kommt, ist das Reden Gottes selbst, der zu unseren Herzen spricht, prophetische Rede also, und nicht mehr Auslegung des Textes (s. o. S. 56 ff., 71 f.). Psychologische, feministische und materialistische Interpretation versuchen da-

---

7 E. Lerle definierte einmal «Verstehen» als «subjektives Erfassen, bei dem das subjektiv gewonnene Bild möglichst genau den objektiv gegebenen Realitäten entsprechen soll».

gegen die Texte in unserer heutigen Situation je auf ihre Weise *neu* sprechen zu lassen.

Ich versuche nun, im Anschluß an diese drei gemeinsamen Tendenzen die Unterschiede zwischen dem fundamentalistischen und dem evangelikalen Zugangsweg darzustellen und zu gewichten.

1. Wenn fundamentalistische Christinnen und Christen die Bibel lesen, spielt die Frage, ob Gott die *Naturgesetze* druchbrechen könne, eine besondere Rolle. Entsprechend ist für sie theologisch die Allmacht Gottes ein besonders zentrales Anliegen des Glaubens (s. o. S. 41). Demgegenüber ging es Wolfgang Bittner um die Möglichkeit des Einmaligen in der *Geschichte* bzw. negativ darum, daß das Prinzip, daß Gleiches nur durch Gleiches erkannt werden kann («Analogieprinzip»), nicht das Einmalige in der Geschichte zerstört und so Gott menschlichem Sich-vorstellen-Können unterwirft. Ich sehe hinter beidem ein verwandtes Anliegen: Gottes Freiheit darf nicht menschlich-konstruierten Gesetzmäßigkeiten unterworfen werden. Daß das Problem der Naturgesetze für den Fundamentalismus so wichtig ist, hängt m. E. damit zusammen, daß es in der großen Auseinandersetzung mit der Aufklärung im 17./18. Jh. vor allem darum ging. Von dieser Auseinandersetzung ist der Fundamentalismus geprägt. Die Vertreter und Vertreterinnen der anderen Zugangswege fragen darum die Fundamentalisten, ob dies heute wirklich noch *die* entscheidende Frage ist. Sowohl für die Theologie als auch für die Naturwissenschaft haben heute die Naturgesetze ihren absoluten Charakter verloren.

2. Trotz ihres gemeinsamen Ausgangspunktes interpretieren Fundamentalisten und Evangelikale die *Bibel* verschieden: Der fundamentalistische Zugangsweg nimmt Wahrheit für die *ganze Bibel* in Anspruch. Der evangelikale Versuch *stuft ab:* Es gibt grundsätzlich wahre Aussagen in der Bibel («Gottes feststehende Entschlüsse» und «feststehende ethische Urteile»), daneben gibt es menschliche «Deutungsmodelle» und «Deutungshilfen» (s. o. S. 70 f.). Diese Unterscheidung scheint mir auf die Unter-

scheidung zwischen Gotteswort und Menschenwort *in* der Bibel hinauszulaufen. Oder anders: Fundamentalistische Auslegung unterscheidet nicht zwischen Gottes Handeln in der Geschichte und seinen – menschlichen, beschränkten, zeitbedingten – Interpretationen in den biblischen Texten. Für Fundamentalisten sind auch die Interpretationen von Gottes Taten in den biblischen Texten grundsätzlich wahr. Eben das sagt ihre Überzeugung von der Inspiration der Bibel. Für Evangelikale ist nur das Handeln Gottes in der Geschichte klar und eindeutig, während die menschlichen Zeugnisse davon persönlich, zeitbedingt und damit auch beschränkt sind. Die Bibel ist also ein menschliches, wenn auch klares Buch. Fundamentalisten und VertreterInnen der übrigen Zugangswege werden an sie dieselbe Frage stellen: Kann man wirklich so unterscheiden? Wird dadurch, daß die Zeugnisse zeitbedingt und menschlich sind, nicht auch das Bezeugte zeitbedingt und menschlich? Ist Gottes Handeln in der Geschichte wirklich noch klar und eindeutig, wenn wir davon *nur* durch menschlich-beschränkte Zeugnisse wissen? Ihre eigenen Antworten auf diese Frage sind dann allerdings verschieden. Ein Fundamentalist sagt: Die biblischen Zeugen sind inspiriert, d. h. besondere Zeugen, ohne wesentliche menschliche Beschränkungen. Die anderen sagen: Auch das in den Texten Bezeugte, Gottes Handeln, wird, wenn es Menschen verkünden und interpretieren, zweideutig. Hier scheint mir ein grundlegender Unterschied zwischen dem fundamentalistischen und den übrigen Zugangswegen zu bestehen. Ob der evangelikale Weg wirklich einen Ausweg aus dem Dilemma weisen kann?

3. Ein dritter Unterschied zwischen dem fundamentalistischen und dem evangelikalen Zugangsweg liegt beim *Verständnis des Heiligen Geistes.* Für Ernst Lerle ist der Geist in erster Linie in der Schrift selbst am Werk: Die biblischen Zeugen und ihre Texte sind inspiriert. Für Wolfgang Bittner dagegen ist wichtig, daß Gott selbst durch den Heiligen Geist auch heute spricht. Zur Schriftauslegung tritt die «prophetische Rede». Man kann sie mit Gottes vergangenem Reden in der Bibel vergleichen, aber sie

kommt offenbar nicht durch Schriftauslegung zustande. Hier liegt für mich der am schwersten zu interpretierende Differenzpunkt. Was bedeutet es, daß Ernst Lerle von diesem Wirken des Geistes heute gerade nicht spricht? Offenbar hat für die Fundamentalisten die Schrift selbst ein größeres, absoluteres Gewicht als für Wolfgang Bittner. Ich denke, evangelikale Auslegung habe den Vorzug, daß sie die Frage nach dem Heiligen Geist und seiner Rolle beim Verstehen der Bibel gegenüber allen anderen Auslegungen am deutlichsten stellt. Zugleich aber muß sie sich eine Frage gefallen lassen: Ist «prophetisches Reden» und «geistliche Auslegung» nur ein christlicher Name für «Applikation», wie sie etwa die feministische Exegetin oder der psychologische Bibelausleger versuchen? Dann stellt sich die Frage, wodurch denn eigentlich ein bestimmter menschlicher Applikationsversuch zum «Reden des Geistes» wird.

4. Ein vierter Unterschied scheint schließlich beim *Glaubensbegriff* zu liegen. Für Ernst Lerle gibt es keinen glaubenslosen Zugang, der der Bibel gerecht wird. In der Überzeugung, Gott habe in der Geschichte Israels und der Geschichte Jesu so gehandelt, wie es die biblischen Zeugen berichten, besteht für ihn gerade der Glaube. Für Wolfgang Bittner ist dies keine Frage des Glaubens, sondern der Erkenntnis. Daß Gott in der Geschichte gehandelt hat, können alle klar erkennen, die die Bibel ohne falsche philosophische Prämisse und ohne intellektuelle Scheuklappen lesen. Die Glaubensfrage stellt sich dann anderswo, nämlich bei der menschlichen Antwort auf diese Lektüre: Glauben muß dann heißen, sich von der klaren Aussage der biblischen Texte zur Umkehr bewegen lassen.

III. Das Verhältnis des evangelikalen und des fundamentalistischen zu den übrigen Zugangswegen

Sind auch der evangelikale und der fundamentalistische Zugangsweg «komplementär» zu den übrigen vier Zugangswegen? Oder gibt es hier Antithesen, die stehen bleiben, so daß diese

Zugangswege Alternativen wären? Die Frage ist nicht einfach zu entscheiden.

Ich gehe aus vom m. E. entscheidenden Differenzpunkt: Für die historisch-kritische, die psychologische, die feministische und die materialistische Auslegung ist die Wirklichkeit der Welt eine geschlossene Wirklichkeit. Ich stoße in ihr zwar auf Grenzen meines Erkennens, aber an den Grenzen unseres Erkennens stoße ich nicht einfach auf Gott. Weder in außergewöhnlichen Begebenheiten («Wunder») noch in psychischen Erfahrungen («Heiliger Geist»), noch in Befreiungserfahrungen, noch sonst in irgendwelchen geschichtlichen Ereignissen ist Gott einfach festzumachen. Daß in solchen Erfahrungen Gott am Werke war, kann ich nicht beweisen oder plausibel machen, sondern nur glauben. An diesem Punkt können Fundamentalisten und Evangelikale nicht mitgehen.

Ich meine: Von Komplementarität kann man hier nur reden, wenn Materialisten, Feministinnen, Psychologen und Historisch-Kritische die Geschlossenheit der Welt nicht zum *Programm* machen. Anders als Wolfgang Bittner glaube ich zwar nicht, daß Gottes Handeln in der Geschichte klar und eindeutig wird, wenn man nur die Geschichte offen genug anschaut. Aber die Gottes*frage* muß offenbleiben. Es macht m. E. einen wesentlichen Unterschied, ob ich sage: ‹Es *gibt* nur die menschliche Existenz; es *gibt* nur die Archetypen; es *gibt* nur die weltliche Geschichte›, oder ob ich offenlasse, ob in der Tiefe der Seele oder in der Zweideutigkeit der Geschichte Gott am Werk ist. Nur dann lassen die Texte Raum für den Glauben, sonst bin ich eben Atheist, dogmatischer Marxist, oder ich «glaube» an die Kraft der Archetypen.

Umgekehrt gilt: Von Komplementarität kann man hier nur reden, wenn Evangelikale und Fundamentalisten nicht ein bestimmtes Verständnis des Glaubens zum allein-richtigen erklären. Komplementär sind die verschiedenen Zugangsweisen nur, wenn man nicht vom eigenen Glaubensverständnis her den Partnern und Partnerinnen den Glauben abspricht. Fundamentalisten haben es hier von ihrer Tradition her besonders schwer, weil sie den Glauben besonders ausgeprägt von den Glaubensinhalten her definieren.[8] Vielleicht spricht darum Ernst Lerle lieber von «Optionen» (Wahlmöglichkeiten) als von Komplementaritäten (s. o. S. 51). Menschen müssen nach ihm zwischen den verschiedenen Zugängen zur Schrift entscheiden und können sie nicht leicht miteinander verbinden. Aber auch für ihn bedeutet das nicht, anderen den Glauben abzusprechen. Denn über wahren oder falschen Glauben entscheiden letztlich nicht wir Menschen, sondern Gott selbst im jüngsten Gericht.

Ich fasse zusammen: Voraussetzung für eine echte Komplementarität aller Zugangswege zueinander bilden zwei weitere grundlegende Überzeugungen[9], die ich wiederum nicht näher begründen möchte, von denen ich aber wieder meine, daß sie in Übereinstimmung mit den biblischen Texten selbst stehen.

3. Für mich ist die Gottesfrage offen: Gott steht uns in der Geschichte oder im Glauben nicht so zur Verfügung, daß wir von ihm einfach wissen und über dieses Wissen verfügen könnten; noch können wir ihn so aus unserer Welt aussperren, daß wir sagen müßten: Gott ist nur Produkt unseres Glaubens, nur eine menschliche Idee.

4. Für mich ist die Frage nach dem wahren Glauben offen: Wir Menschen können nicht letztlich entscheiden, ob ein menschlicher Glaube in den Augen Gottes wahrer Glaube ist.

---

8 In der klassischen Tradition hatte «Glaube» immer zwei Akzente: Glaube ist «objektiv» die Annahme bestimmter Glaubensinhalte, also Glaube, «daß» Gott so und so gehandelt hat, und «subjektiv» Vertrauen, Wagnis, Glaubensakt (fides quae creditur; fides qua creditur). Fundamentalisten und auch Evangelikale betonen stärker den objektiven Glaubensinhalt, die psychologischen, feministischen und materialistischen AuslegerInnen stärker den subjektiven Glaubensakt. Dem enstpricht, daß Fundamentalisten und Evangelikalen besonders stark an der Gewißheit des Glaubensgrundes liegt, der außerhalb des glaubenden Menschen liegt.

9 Die ersten beiden grundlegenden Überzeugungen habe ich im Anschluß an den Vergleich des psychologischen, feministischen und materialistischen Zugangswegs mit dem historisch-kritischen formuliert. Vgl. o. S. 128.

Wenn dies gemeinsame Grundüberzeugungen sind, können, so denke ich, auch der fundamentalistische und der evangelikale Zugangsweg mit den übrigen komplementär sein. Ist das so? Ich möchte die Frage offenlassen. An diesem Punkt muß das Gespräch weitergehen. Für dieses Gespräch seien hier noch zwei Ideen notiert:

1. Sowohl Daniel Marguerat als auch Wolfgang Bittner versuchen, ihren Zugangsweg theologisch von der Menschwerdung Jesu (Inkarnation) her zu begründen (s. o. S. 21 f., 66 f.). Ihr Verständnis der Inkarnation hat allerdings unterschiedliche Akzente. Es würde sich lohnen, wenn die Vertreter der verschiedenen Zugangswege ihr Gespräch an diesem Punkt weiterführten. Wie verhalten sich ihre Christologien zueinander?

2. Die Fundamentalisten und die Evangelikalen sind am außerhalb von uns liegenden Glaubens*grund* interessiert. In gewisser Weise gilt dies auch für die historisch-kritische Interpretation, die nach der uns vorgegebenen Geschichte fragt. Die Psychologen, die Materialisten und die Feministinnen scheinen eher an der in der Geschichte modellhaft zur Sprache kommenden Glaubens*erfahrung* interessiert. In künftigen Gesprächen sollten wir über das Verhältnis von Glaubens*grund* und Glaubens*erfahrung* reden: Wie ist die Glaubenserfahrung auf den Glaubensgrund bezogen?[10] An dieser Frage entscheidet sich nicht nur das Verhältnis der feministischen, materialistischen und psychologischen Auslegung zur fundamentalistischen und evangelikalen, sondern auch zur historisch-kritischen.

Ich nenne zum Schluß einige produktive Fragen, die alle sechs Zugangswege zur Bibel, auf der Basis meiner vier grundlegenden Überzeugungen komplementär und nicht exklusiv verstanden, einander stellen können. Diesmal geht es weniger um anthropologische als um theologische Fragen:

---

10 Vgl. die oben angedeuteten klassischen theologischen Kategorien des «extra nos» (Anm. 6) und der «fides quae creditur», bzw. «fides qua creditur» (Anm. 8).

– Der evangelikale Zugangsweg zur Bibel hat eine außerordentliche Nähe zu großen Teilen des biblischen Zeugnisses selbst. Auch für viele biblische Zeugen – z. B. Lukas – hat sich Gott in der Geschichte klar und eindeutig kundgetan. Wie gehen die historisch-kritische, die feministische, die materialistische und die psychologische Interpretation mit diesem biblischen Zeugnis um?

– Der fundamentalistische Zugangsweg zur Bibel hat eine außerordentliche Nähe zum Erbe der altprotestantischen Orthodoxie. Wie gehen die übrigen Zugangswege mit dem Erbe unserer orthodoxen Väter um?

– Der fundamentalistische und der evangelikale Zugangsweg stellen an die Vertreter der übrigen Wege die Frage, ob sie nicht in Gefahr stehen, den ihnen vorgegebenen *Grund* des Glaubens zu vernachlässigen und das, was für sie selbst jeweils *bedeutsam* ist, an die Stelle dessen, was Gott getan hat, zu setzen.

– Fundamentalisten müssen sich überlegen, wie die Bibel die Grundlage der Kirche sein kann, wenn sie doch ein von der Kirche geschaffenes Buch ist.

– Durch die evangelikale Auslegung sind die VertreterInnen der übrigen Zugangswege vor die Frage nach dem Heiligen Geist gestellt.

– Die fundamentalistische und die evangelikale Interpretation bitten die Vertreter der übrigen Zugangswege, sich nicht durch ihr Verständnis der naturwissenschaftlichen und historischen Gesetze den Blick auf die grenzenlose Freiheit Gottes zu verbauen.

– Die VertreterInnen der übrigen Zugangswege bitten besonders die Fundamentalisten, über Gottes Wirken auch innerhalb der Naturgesetze und in geschichtlicher Unauffälligkeit nachzudenken.

– Die materialistische, feministische und psychologische Interpretation laden besonders evangelikale und fundamentalistische Christen und Christinnen ein, die politischen, gesellschaftlichen und psychischen Wirkungen und Konsequenzen des Evangeliums zu bedenken.

– Die Vertreter der feministischen, materialistischen und psychologischen Exegese bitten evangelikale und fundamentalistische Christen und Christinnen zu bedenken, daß die bloße Erinnerung an die großen Taten Gottes in einer von mir weit entfernt liegenden Vergangenheit noch nichts darüber sagt, wo und wie heute diese Geschichte für uns wichtig ist.

Kein Zugangsweg zur Bibel ist voraussetzungslos. Das Gespräch zwischen den verschiedenen Interpretationen ist eine Chance, die eigenen Prämissen zu erkennen und sie selbstkritisch zu befragen.

Alle AutorInnen:

Gemeinsame Leitlinien zum verschiedenen Umgang mit der einen Bibel in der einen Kirche

Wir blicken nun auf mehrere Jahre Dialog zurück. Unsere Herkunft, unsere theologischen Positionen, unser Verständnis des Glaubens und unsere Erfahrungen mit der Bibel sind recht verschieden. Trotzdem war der Dialog möglich und fruchtbar. Wir waren nicht in der Lage, unsere theologischen Differenzen wirklich zu beseitigen und gewichten auch vieles verschieden. Aber trotzdem war die Erfahrung des Dialogs für uns so wichtig, daß wir andere, Gemeinden, Gruppen, Kreise und Kirchen ermuntern möchten, ähnliche Dialoge zu beginnen. Als Anstoß dazu möchten wir einige gemeinsame Leitlinien formulieren.

1. Der gemeinsame Glaube.
Alle sagten von sich: «Wir glauben an Jesus Christus.» Zugleich war deutlich: Wir artikulieren und interpretieren diesen Glauben recht verschieden. Wir fragten uns, ob unsere eigene Form des Glaubens, aber auch die unserer GesprächsparterInnen die wahre Gestalt des Glaubens sei. Wir wollten diese Frage nicht so beantworten, daß wir einen Minimalkonsens darüber zu formulieren versuchten, was zum wahren Glauben gehören muß. Viel eher war uns die Erkenntnis wichtig, daß es nicht unsere Aufgabe ist zu entscheiden, ob jemand den wahren Glauben hat, weil wir alle vor einem anderen, dem Weltrichter Jesus Christus, unsere Gestalt des Glaubens werden verantworten müssen. Bis dann gilt: Wir sind als Kirche unterwegs. Es war uns wichtig zu wissen, daß alle TeilnehmerInnen an unserem Dialog ihre Bibellektüre als Weg mit und zu Christus verstanden wissen wollen. Es war

uns auch wichtig zu wissen, daß für uns alle die Lektüre der Bibel mit großen Hoffnungen verbunden ist: Wir alle erwarten gerade von diesem Buch – mehr als von anderen Büchern – Leben, Befreiung, Hilfe. Wir alle merken durch die Lektüre der Bibel, daß Gott mehr und größer ist als die Vorstellungen, die wir von ihm haben. Das schuf für unsere Gespräche eine gemeinsame Basis, die wirklich vorhanden war, auch wenn wir sie nicht in Form eines Bekenntnisses formulieren können. Darum sind wir überzeugt: Verschiedene Zugänge zur Bibel sind kein Grund für eine Spaltung der Kirche. Sie sind eher ein Grund, im Dialog, im Hören aufeinander und Streiten miteinander, die Wahrheit des Glaubens zu suchen. Streiten darf dabei nicht heißen, sich zu verteufeln und sich gegenseitig den Glauben abzusprechen.

2. Öffnung und Abgrenzung.
Der Dialog über die Bibel, den wir erhoffen, soll dazu helfen, «alles zu prüfen und das Gute zu behalten» (1 Thess 5,21). Es soll darin um zweierlei gehen: Neues sehen zu lernen und Entscheidungen zu treffen. Neues sehen lernen: Andere Zugangswege zur Bibel können wir vielfach als Bereicherung erfahren. Sie helfen uns zu entdecken, was wir bisher an der Bibel ausgeblendet und verschüttet haben, zu entdecken, daß der biblische Text mehr ist als unsere Auslegungen. Sie helfen uns, Entscheidungen zu treffen: Es gibt immer auch Dinge bei anderen Zugangswegen, zu denen wir im Moment nein sagen müssen. Ein Dialog kann dazu führen, eine Überzeugung eines anderen nicht zu teilen. Solche Entscheidungen muß man nicht als etwas Negatives verstehen. Sie können auch ein Stück geistliche Besinnung, Befreiung oder Klärung bedeuten. Durch beides, die Entdeckung von Neuem und das Fällen von Entscheidungen, wird der eigene Glaube bewußter, reicher und klarer. So führt ein solcher Dialog zu einem Gespräch über die Bedeutung, die Christus für uns hat.

3. Kein «objektiver» Zugang zur Bibel.
Wir entdeckten, daß niemand von uns neutral auf die Bibel zugeht. Es gibt keine «objektive» Lektüre der Bibel. Wir alle, die

wir die Bibel lesen, sind geprägt von unseren Erfahrungen, unseren Kirchen, der Geschichte und unserer Biographie. So war das Gespräch über die Bibel zugleich ein Gespräch über uns selbst. Es half uns, uns selber besser zu verstehen. Wenn man sich selber kennenlernt, kann man sich auch leichter ändern. Auch darin war unser Gespräch ein Gewinn.

4. Gemeinsame Lektüre.
Grundlegend war für uns die Erfahrung, daß ein biblischer Text reicher und tiefer ist als jede einzelne Auslegung. Er hat einen Überschuß an Sinn. Diesen Überschuß kann eine gemeinsame Lektüre des Textes, können viele Ohren und Augen besser entdecken als ein(e) einzelne(r) Ausleger(in). Darum ist ein Gespräch über die Bibel so wichtig, in dem verschiedene Erfahrungen und Interessen zur Sprache kommen. Die biblischen Texte wenden sich an Gemeinschaften (Israel, Gemeinden), bevor sie sich an einzelne wenden. Darum möchten auch wir zur gemeinsamen Lektüre der Bibel ermutigen. Gemeinsame Lektüre verschiedener Menschen gelingt immer dann, wenn niemand für seinen Zugang Absolutheit beansprucht und wenn niemand alleinige Besitzansprüche auf die Bibel anmeldet. Dann können wir in der gemeinsamen Lektüre, durch andere Menschen und ihre Ohren und Augen, erfahren, daß die Bibel etwas mit uns macht und daß dies viel wichtiger ist, als was wir mit der Bibel machen.

5. Konkrete Anregungen
a) Es ist schade und widerspricht nach unserer Überzeugung dem Geist der Bibel, wenn man eine Einladung zu einem Gespräch über die Bibel ausschlägt. Wir verstehen wohl, daß manche Menschen und auch Gemeinschaften davor auch Angst haben. Wir machten aber die Erfahrung, daß solche Gespräche die eigene Identität nicht bedrohen, sondern vertiefen.

b) In einem solchen Gespräch geht es zunächst darum, auf die anderen zu hören und ihre Anliegen zu verstehen. Man muß fragen: Worum geht es den anderen positiv? Man muß versuchen, ihr Anliegen in die eigene Sprache zu übersetzen. Nach unserer

Erfahrung stecken in jedem Zugangsweg zur Bibel positive Anliegen, die anderen echte Fragen stellen können. Zum Beispiel: Ein positives Anliegen des Fundamentalismus ist es, die Glaubensaussagen als geschichtliche Tatsachen ernst zu nehmen und die ganze Kirche auf die grundlegende Bedeutung der Bibel hinzuweisen. Ein positives Anliegen der historisch-kritischen Methode ist es, die Bibel ihr eigenes Wort sagen zu lassen und sie nicht vorschnell zu vereinnahmen. Ein positives Anliegen des feministischen Zugangs ist es, für die Frauen, die die Mehrzahl der Weltbevölkerung sind, ein neues Verständnis der Bibel zu erschließen, die der Ganzheitlichkeit des Menschseins Raum gibt. Ein positives Anliegen einer psychologischen Bibelinterpretation ist es, erfahrbar werden zu lassen, daß es in der Bibel auch um uns selbst geht. Ein positives Anliegen eines historisch-materialistischen Zugangs ist es aufzudecken, daß der biblische Gott sich nicht nur um Innerlichkeit und Religion kümmert, während die leiblich-irdischen Bedürfnisse der Menschen übersehen werden. Ein positives Anliegen des evangelikalen Versuchs ist es, darauf hinzuweisen, daß Gott in der Geschichte wirklich gehandelt hat und daß es in der Bibel um mehr geht als um bloße menschliche Überzeugungen. Kurz: Erst wenn man das Positive bei den Gesprächspartnern wirklich entdeckt hat, kann man berechtigt ja und nein sagen.

c) Wir finden es nicht gut, über andere nur in ihrer Abwesenheit zu reden. Wie oft geschieht es, daß wir über «die» Fundamentalisten, «die» historischen Kritiker, «die» Feministinnen usw. reden, ohne daß die Betroffenen selbst ihr Anliegen verdeutlichen können?

d) Darum fänden wir es gut, daß in Gemeinden, wo es Kreise und Gruppen gibt, die einen ganz bestimmten Zugang zur Bibel vertreten, diese Kreise einander begegneten oder sich gegenseitig einlüden. So haben sie die Chance, sich gegenseitig zu erklären, was sie selbst wollen.

e) In Gemeinden, wo es das nicht gibt und wo die Mehrzahl der

Gemeindeglieder ein eher unklares und diffuses Verhältnis zur Bibel hat, ist es gut, z. B. im Rahmen der Erwachsenenbildung in Gesprächen über verschiedene Auslegungsmethoden und mit ihren VertreterInnen das Verhältnis zur Bibel zu klären und zu vertiefen. Theologie will dazu helfen, die eigene Frömmigkeit besser zu verstehen und zu klären.

f) Wir finden es nicht gut, wenn in den meisten Gemeinden die PfarrerInnen faktisch ein Monopol über die Verkündigung des Wortes haben. «Dienst» am Wort sollte vielmehr heißen: Menschen zum Wort zu helfen, nämlich zum biblischen Wort und zum eigenen Wort. Dienst am Wort sollte helfen, die vielfältigen Weisen, wie das Wort in der Gemeinde geschieht, hörbar zu machen. Hilfen dazu sind Gottesdienste, in denen Laien und VertreterInnen verschiedener Zugangswege sich artikulieren können.

Zum Schluß: Es ist unsere gemeinsame Überzeugung, daß die Bibel mehr ist als das, was wir aus ihr machen. Unser Erkennen ist Stückwerk und geschieht unvollkommen, wie durch einen Spiegel (vgl. 1 Kor 13,12). Unser Wunsch ist, daß durch den Dialog das Stückwerk ein bißchen reicher werden möge, aber auch, daß wir – durch die Augen anderer – deutlicher erkennen, daß auch das, was wir selbst vertreten, Fragment ist.

Hünigen, 9. 12. 1990

Wolfgang Bittner	Ernst Lerle
Kuno Füssel	Ulrich Luz
Rosemarie Gallay	Daniel Marguerat
Denise Jornod	Georg Schmid
Rolf Kaufmann	Pierre Vonaesch

Nachwort zur dritten Auflage

Der «Zankapfel» hat seinen Weg gemacht und sich in vielen Gemeindeseminaren, in Proseminaren an der Universität oder in der Ausbildung von Katechetinnen und Katecheten als nützlich erwiesen. Hat das Buch auch seinen Zweck erfüllt? Es war gedacht als eine Hilfe, «andere» Christinnen und Christen besser zu verstehen, den Reichtum ihrer andersartigen Bibellektüre und damit auch den Reichtum der Bibel zu entdecken. Es war als Bitte gedacht, nicht diejenigen Glieder der christlichen Kirchen, die «anders» sind, vorschnell zu verurteilen: Dann entstehen Etiketten: Die einen sind pauschal «ungläubig», die anderen sind pauschal «Fundamentalisten». Sind wir hier weiter gekommen? Ich bin da ganz bescheiden und denke: Der «Zankapfel» sollte durchaus noch etwas mehr wirken. Darum bin ich für die Neuauflage dankbar.

Und dennoch stehen wir heute nicht mehr am selben Ort wie vor zehn Jahren, als das Buch zum ersten Mal erschien. Wir sind heute leichter bereit zu sagen: Die Hauptsache ist, dass die Bibel überhaupt noch gelesen wird, egal wie! Wir sind alle ein bisschen «postmoderner» geworden und denken: Es ist doch selbstverständlich und richtig, dass wir die Bibel alle verschieden lesen! Wir verstehen die Kirche immer mehr als ein «offenes Haus», in dem wir alle irgend etwas lesen können und dürfen – es muss ja nicht nur die Bibel sein! Was dieses Haus dann eigentlich noch zusammenhält und seine Bewohnerinnen und Bewohner verbindet, ist sehr viel fraglicher geworden. Es wird Zeit, dass wir in all unserer Verschiedenheit unsere Bibel als die uns allen gemeinsame «Mitte» verstehen und fragen, was uns denn wirklich im Kern verbindet. Sonst ist Jesus Christus vielleicht nicht einmal mehr «Zankapfel», sondern bloss noch eine Vokabel, die wir alle sehr verschieden auslegen.

Bern, Januar 2002　　　　　　　　　　　　　　　　Ulrich Luz